国家文化旅游人才培训基地（河南）

文化旅游发展理论与实务基础

《文化旅游发展理论与实务基础》编写组◎编

王健民◎执笔

北京·旅游教育出版社

策　　划：丁海秀　李荣强
责任编辑：陈　志

图书在版编目（CIP）数据

文化旅游发展理论与实务基础 /《文化旅游发展理论与实务基础》编写组编. -- 北京：旅游教育出版社，2019.9
ISBN 978-7-5637-4023-9

Ⅰ. ①文… Ⅱ. ①文… Ⅲ. ①旅游文化－教材 Ⅳ. ①F590

中国版本图书馆CIP数据核字（2019）第203395号

文化旅游发展理论与实务基础
《文化旅游发展理论与实务基础》编写组　编

出版单位	旅游教育出版社
地　　址	北京市朝阳区定福庄南里1号
邮　　编	100024
发行电话	（010）65778403　65728372　65767462（传真）
本社网址	www.tepcb.com
E - mail	tepfx@163.com
排版单位	北京旅教文化传播有限公司
印刷单位	天津雅泽印刷有限公司
经销单位	新华书店
开　　本	787毫米×1092毫米　1/16
印　　张	12.75
字　　数	168千字
版　　次	2019年9月第1版
印　　次	2019年9月第1次印刷
定　　价	38.00元

（图书如有装订差错请与发行部联系）

目 录

第一章　文化旅游的基本框架

一、文化含义探源 ·· 2
　（一）人类纷繁的"文化"释义 ··· 4
　（二）《汉语大词典》与《大不列颠百科全书》的"文化"定义 ······ 6
二、旅游含义寻踪 ·· 7
　（一）汉语层面的"旅游"与"旅行" ··· 8
　（二）《旅游法》中的"旅游"概念 ·· 10
三、文化旅游的基本概念与形态 ·· 11
　（一）文化旅游的定义 ·· 11
　（二）文化旅游的三种形态 ·· 13

第二章　文化旅游的分类及特质

一、文化旅游的宽泛分类 ·· 15
　（一）由文化遗产厘定的文化旅游 ·· 16
　（二）与"八大艺术"相关的文化旅游 ·· 21
　（三）"文化旅游"囊括与人类生活方式相关的多类旅游方式 ······ 25

二、文化旅游中的世界遗产旅游及其他·················27
　　（一）世界遗产与世界遗产旅游·················27
　　（二）古镇旅游体现的文化旅游特质·················35

第三章　文化旅游的发展脉络

一、随人类旅游史一同生长的文化旅游·················40
　　（一）旅游书刊引导的文化旅游·················42
　　（二）欧洲中世纪的文化旅游与中国古代文化旅游·················46
　　（三）当代旅游者崇尚的文化旅游·················49
　　（四）中国社会发展阶段的文化旅游·················52
二、文化旅游是人类旅游活动中最亮眼的部分·················54
　　（一）马丘比丘文化旅游的发展·················55
　　（二）尼泊尔的文化旅游亮色·················58
　　（三）以文化旅游为基调的非洲旅游·················61

第四章　文化旅游的旅游者心结及卖点

一、常常作为旅游者心结的文化旅游·················65
　　（一）文化旅游与旅游者的美梦成真·················66
　　（二）文化旅游与私人定制旅游·················68
　　（三）斯里兰卡文化旅游如何为中国旅游者解心结·················71
二、文化旅游的持续卖点·················78
　　（一）文化旅游是旅游经营者的盈利保障·················78
　　（二）印度文化旅游的持续卖点·················81

第五章　文化旅游的优势与短板

一、文化旅游的优势所在 ··········· 85
（一）文化旅游的优势涵盖文化本身的优势 ··········· 86
（二）海明威故居旅游展示的文化旅游优势 ··········· 88
二、文化旅游的短板 ··········· 93
（一）受制旅游安全等因素的文化旅游 ··········· 95
（二）困于"文化冲突"的文化旅游 ··········· 97

第六章　文化旅游的题材及对象

一、文化旅游的题材把握 ··········· 101
（一）"宗教旅游"的分寸拿捏 ··········· 105
（二）趋之若鹜的文化旅游热 ··········· 107
二、文化旅游与旅游者 ··········· 110
（一）文化旅游对旅游者的挑剔择选 ··········· 112
（二）马丘比丘的文化旅游风险 ··········· 116

第七章　文化旅游与其他类型旅游的协调

一、与文化旅游相对应的自然旅游 ··········· 120
（一）自然旅游的文化思考 ··········· 121
（二）极地旅游的文化视域 ··········· 123
二、其他类型的旅游与文化旅游的关联 ··········· 125
（一）自驾旅游与文化旅游 ··········· 126
（二）游轮旅游与文化旅游 ··········· 128
（三）虚拟旅游与文化旅游 ··········· 136

三、文化旅游与其他类型旅游的协调 ·· 138
　　（一）海洋旅游与文化旅游的兼收并蓄 ·· 139
　　（二）火车旅游如何体现文化旅游的特性 ······································ 142

第八章　文化旅游的谋篇布局

一、将文化的诱惑注入文化旅游的肌肤 ·· 149
　　（一）科罗那多酒店的文化旅游故事 ··· 152
　　（二）维罗纳的文化旅游戏剧情境 ·· 157
　　（三）狩猎旅游作为文化旅游的衰减 ··· 159
二、文化旅游的刻意打造 ··· 162
　　（一）作为文化旅游景点的西雅图口香糖墙 ·································· 165
　　（二）借助外力的文化旅游打造 ·· 168
　　（三）文化旅游的深度游考量 ··· 171

第九章　文化旅游的演进与发展

一、文化旅游与当今时代的关联 ··· 177
　　（一）文化旅游与跨文化交流 ··· 180
　　（二）青年旅游及修学旅游对文化旅游的助推 ······························· 182
二、文化旅游可预期的持续发展 ··· 185
　　（一）文化旅游的个人需求和社会需求 ··· 187
　　（二）文化旅游与可持续旅游 ··· 190

后　　记 ··· 195

第一章
文化旅游的基本框架

今天的中国社会中，旅游早已是人们生活中不可或缺的一部分。依照文化和旅游部公布的数据，2018年国内旅游人数55.39亿人次，中国公民出境旅游人数14972万人次。与此相关的另外一项"2018年中国公民赴欧洲旅游大数据报告"，则显示在这些旅游活动中，"文化旅游"的占比高居榜首。譬如，"人文深度游"（英国、德国、捷克）、"文明溯源之旅"（希腊）、"体验特色节日"（西班牙）等带有显著"文化旅游"标识的旅游产品，都已经进入到"2018欧洲定制游TOP10"。从一网站的欧洲游景点门票销量看，"文化旅游"范畴的艺术人文景点占了绝大多数。最受中国旅游者欢迎的欧洲景点，包括圣家族大教堂、卢浮宫、巴黎迪士尼乐园、巴特罗之家、伦敦眼、米拉之家、古埃尔公园、凡尔赛宫、马德里王宫、梵蒂冈博物馆和罗马斗兽场等。显然，欧洲独有的这类含有"文化旅游"要素的古典艺术、博物馆珍藏与特色建筑，已经吸引了大量中国旅游者的目光。

在"文化旅游"作为人们旅游出行的重要选择、为众多旅游者亲历的境况下，对文化旅游的本质进行细致的探究，分析文化旅游涉及的诸多问题，则已经成了一个不可或缺的步骤。

在研究及讨论"文化旅游"之时，避不开的一件事就是必须要先搞清"文化旅游"的概念及构成。需要首先说明的是，与人们熟知且常用的其他多数概念一样，"文化旅游"虽然在日常社会生活中常见、久为人们知晓甚至能够脱口而出，但其如同其他许多我们熟识的概念一样，其实也一直并没有形成一个被人们完全认可、简单明确的概念。在现实生活中，它仍是一个看似有形实则无形的概念。

"文化旅游"一词,并非是"文化"与"旅游"两个普通词语平行叠加的一个组合词,而是一个偏正型组合语词。前置的"文化"一词只是框定了语义的范围,重心落在后置的"旅游"一词上面。也就是说,这个词语的主干是"旅游",而"文化"只是对"旅游"的修饰与限定。构成这个组合词的两个词语的原生语义,自然直接影响到我们对"文化旅游"这个组合词的基本判断。因而在研究"文化旅游"问题时,既要研究"文化"基于其中的重要性,更应探究"旅游"的基本规律,以及"文化"与"旅游"相互影响、相互融合、共存共荣的具体处理方式。在有了这样的基础认知之后,对"文化旅游"的探究,则能在当下纷纭的"文化旅游"各项讨论中,首先立起一个较为坚实的基准点。

一、文化含义探源

在旅游的各种形式中,"文化旅游"的特殊首先就表现在它的"文化"标识上面。"文化"居于其间既有点题的作用,又让"文化旅游"一词增加了不同他项的辨识度。

"文化"二字既然领衔"文化旅游",因而在整体探究"文化旅游"实质前,有必要首先对所谓"文化"进行一个简要的追索。

"文化"作为一个十分常见、常用的词语,可以说人人皆知、随处可闻。并非是仅在中国,在世界各国各地,"文化"一词,许多年以来,早已被社会各层面的人们喜用泛用,成为人类社会生活中最常用的一个日常语汇。美国学者弗雷德·英格里斯在其《文化》(Culture)一书中,开篇即对"文化"一词的这类泛用现象进行了这样的揶揄与分析:"当前,在描述日常生活中最基本的细节时不用'文化'这个词是件不可能的事。政府检察官在学校的报告中会涉及'失败文化',在关于监狱的报告中会涉及'保密文化',社会学家、新闻评论员和道德观察家们也会无一例外地很乐意提及我们共同生活、行动和存在的'消费文化'。而在近一个世纪或更长一段时间以来,人类学家已经将民族研究视为不仅拥有文化且其本身就是'其他文化'……世界已经越来越意识到自身的全球化。在这样的压力下,上述用词方式也不可避免地会融入到人们日常对文化的谈论中来。"①

这样的事例在中国也常常是屡见不鲜。我们来看这样的一段官方报告的文字："要弘扬中华优秀传统文化，继承革命文化，发展社会主义先进文化，培育和践行社会主义核心价值观。加强思想道德建设和群众性精神文明创建。加快构建中国特色哲学、社会科学，繁荣文艺创作，发展新闻出版、广播影视、档案等事业。加强文物保护利用和文化遗产保护传承。建好新型智库。加强互联网内容建设。深入实施文化惠民工程，培育新型文化业态，加快文化产业发展。倡导全民阅读，建设学习型社会。深化中外人文交流，增强中华文化影响力。我们要以中国特色社会主义文化的繁荣兴盛，凝聚起实现民族复兴的磅礴精神力量。"在截取的这段短短的200多字的行文中，"文化"一词共被使用了9次之多。

社会虽然对"文化"一词早已是熟知熟用，但在知识层面，对"文化"一词的解释与理解，亦不分中外，仍旧是各行其道莫衷一是。譬如柳诒徵先生所著《中国文化史》②，从文中标题即可见他所认定的"文化"包含的范畴："家族及私产制度之起源""治历授时""唐虞之让国""周室之勃兴""礼俗""乐舞""南北之对峙""隋唐之佛教""明儒之学""雕版印书之盛兴""明季之腐败及满清之勃兴""康熙诸帝之与文化"，不一而足，虽被著名史学家缪凤林先生盛赞为"此书以六艺诸史为经，而纬以百家；举凡典章、政治、教育、文艺、社会、风俗，以及经济生活、物产建筑、图画雕刻之类，皆就民族全体之精神所表现者，广搜列举，以求人类演进之通则，以明吾民独造之真际"，但其所论及的庞大芜杂的中国文化，显然并不完全符合今日的更加讲求实用性、功利性的"文化旅游"。摊开在今天的"文化旅游"研究中，少不得要做一番细致的梳理择取。

与中国学者的"文化史"不同，法国学者让-皮埃尔·里乌主编的《法国文化史》(Histoire Culturelle de la France)③，展示的则是另一种视角的法国文化的图景。我们依旧可以择其书目对其进行一个概要了解：一生的年龄段，初到人间，婚姻，老年与死亡；人与环境，与环境的密切关系，食物，动物，风景，历书；人与人之

---

① 【美】弗雷德·英格里斯，《文化》，韩启群等译，南京大学出版社，2008年10月第1版，第1页。
② 柳诒徵，《中国文化史》，上海三联书店2007年7月第1版。
③ 让-皮埃尔·里乌等主编，《法国文化史》，杨剑等译，华东师范大学出版社，2006年7月第1版。

间，家庭，邻里之间，堂区，空间与城外，表达形式。显然，这样的一些标题，让我们看到了同样称之为"文化"的法国的别一样的景别。让－皮埃尔·里乌的《法国文化史》述说的内容，其对"文化"的解析，可以说也是为世界上"文化"概念的纷繁现象提供了另一份证词。

（一）人类纷繁的"文化"释义

在相当长的一个历史阶段中，古今中外的人们都曾热衷于为"文化"确定定义。

19世纪的英国诗人、散文家马修·阿诺德（Matthew Arnold，1822—1888）曾使用"文化"一词来指人类精致的理想，他将其称之为"世界上最好的思想与说辞"（the best that has been thought and said in the world.）。德国的阿诺德·马修（Arnold, Matthew, 1869）也说过类似的话："文化是对我们完全完美的追求，通过它可以了解所有我们最关心的事情，世界上最好的思想和说辞。"英国的威廉姆斯（Williams, 1983）则是将"文化"与精英理想联系在一起："文化指的是与艺术、古典音乐和高级美食等活动相连的精英理想。"（culture referred to an elite ideal and was associated with such activities as art, classical music, and haute cuisine.）不同学科的人们对"文化"的定义各不相同，对于社会学家格奥尔格·西梅尔（Georg Simmel, 1858—1918）来说，文化指的是"通过在历史进程中被物化的外部形式来培养个人"，他直接将"文化"定义为人们的思维方式、行动方式。

为了阐明文化的性质和定义，美国的人类学家阿尔弗雷德·克罗伯（Alfred Kroeber）和克莱德·克拉克洪（Klyde Klackohn）还特别写了一本名为《文化：概念和定义的批判回顾》（*Culture: A Critical Review of Concepts and Defintion*）的书。在研究了自1871年至1951年间出现的164条关于文化的定义之后，他将一系列数量众多又令人困惑的不同"文化定义"归纳缩减为9种基本的"文化概念"，分别是：哲学概念、艺术概念、教育概念、心理学概念、历史概念、人类学概念、社会学概念、生态学概念和生物学概念。

德国著名哲学家赫尔德将"文化"称之为"人类生活方式的总和"，可以说是对文化做出的最为言简意赅的定义。这与中国著名学者余秋雨所做的"文化"定义十分相近。余秋雨在《新民晚报》谈及文化问题时曾对文化做过这样一个确定性定义:"广义地说,文化就是'人类化',凡是人类留下的痕迹都是文化;狭义地说,文化是意识形态、各种习俗、制度、自然科学和一切技术。"他解释说,他所界定的"文化"一词,主要包括了三类状况:

——文化是一种时间的"积累",但也有责任通过"引导"而移风易俗。中华文化的最重要成果,就是中国人的集体人格。

——当文化——沉淀为集体人格即国民性,它也就凝聚成了民族的灵魂。

——由于文化是一种精神价值、生活方式和集体人格,因此在任何一个经济社会里它都具有归结性的意义。[①]

从英国学者泰勒(E.Burnett Tylor,1832—1917)开始,文化的定义已经有数百个。美国文化人类学家洛威尔(A.LawrenceLowel,1856—1942)在面对莫衷一是的文化定义时,曾发出过这样的感慨:"在这个世界上,没有别的东西比文化更难捉摸。我们不能分析它,因为它的成分无穷无尽;我们不能叙述它,因为它没有固定的形状。我们想用文字来定义它,这就像要把空气抓在手里:除了不在手里,它无处不在。"

对人们赋予的"文化"各类概念与含义,加拿大著名文化学者保罗·谢弗(Paul Schafer)曾做出这样的反诘追问:"文化就是艺术?文化就是出版、广播、电视和电影?文化就是过去的遗产或休闲时间的活动?文化就是共享的价值、象征和信仰、一种意识形态、一种生活方式,或者是与自然环境交互作用的一种手段?文化就是不同物种的组织形式和结构?或者,文化就是所有这些东西?"[②]

世人对文化问题的延绵不断的争论对人类社会的一个益处,就是已然让"文化"一词无处不在、深入人心。继而在论及"文化旅游"的时候,无人会感觉生僻。

[①] http://cul.china.com.cn/guoxue/2011-03/11/content_4058213.htm.
[②] 【加】保罗·谢弗,《文化引导未来》,社会科学文献出版社,2008年4月第1版第14页。

(二)《汉语大词典》与《大不列颠百科全书》的"文化"定义

相比知识界对"文化"的条分缕析、抽茧剥丝，中国的权威辞书《汉语大词典》所列的"文化"词条相当简约。在"文化"词条中，只简明扼要说明并列举了"文化"一词的4种含义：

①文治教化。
②指运用文字的能力及具有的书本知识。
③人们在社会历史实践过程中所创造的物质财富和精神财富的总和。特指精神财富，如教育、科学、文艺等。
④考古学用语。指同一历史时期的不依分布地点为转移的遗迹、遗物的综合体。

《汉语大词典》所列"文化"的第一种含义"文治教化"，在西方学者的"文化"论证中几乎未得见。从"文治教化"的蕴含来看，或更像是论及文化的作用。用来说明"文治教化"的5个引例，也多具此倾向，比如引例之一汉刘向《说苑·指武》："凡武之兴，为不服也，文化不改，然后加诛。"所引元耶律楚材《太阳十六题》诗之七："垂衣端拱愧佳兵，文化优游致太平"，除直叙"文化"之作用，更可视为言及"文化旅游"的特殊功效。

被认为是当今世界上最知名也是最权威的百科全书《不列颠百科全书》（*Encyclopedia of Britain*），其"文化"词条的释义较为详细，学理上的阐述也更加透彻一点：

人类知识、信仰和行为的统合形态，包括语文、意识形态、信仰、习俗、禁忌、法规、制度、工具、技术、艺术品、礼仪、仪式及符号，其发展依人类学习知识及向后代传授之能力而定。文化在人类进化中扮演着决定性的角色，它让人类可以依据自己的目的去适应环境，而不单只是依靠自然选择来完成其适应性。每一个人类社会，都有其特定的文化或社会文化体系。各文化间的差别与下列因素有关：生存环境及其资源；诸如语言、礼仪和社会组织所固有的可行性范围；以及与其他文化间的联系的发展等历史现象。个人的态度、价值、理想与信仰等，受其生活于其中的社会文化影响很大。各文化间的差异与生存环境及资源、语言、礼仪和风俗习惯等活动领域所固有的可能性范围，工具的制造和使用，以及社会发展程度等，都有很大的关系。文化常会因生态、社会经济、政治、宗教或其他足以影响一个社会的重大变革而发生变迁。

中外辞书对"文化"概念的厘定，虽然不可避免地与当代概念的"文化旅游"所涉及的"文化"概念不完全契合，但无疑都会对人们理解"文化旅游"所富含的"文化"有所裨益。在人类对"文化"的各形各色的解读中对"文化"进行思考，才会避免无源之水的空谈，"文化旅游"的羽翼才会坚实丰满。

二、旅游含义寻踪

"文化旅游"的泛义化一因"文化"一词的庞杂且不缜密，而组成"文化旅游"这一词语的另外一词"旅游"，自古至今也存在着诸多不同的概念定义。

与旅游相关的最重要的国际组织是"世界旅游组织"（World Tourism Organization）。这个组织的久远历史可以追溯到1920年在荷兰海牙成立的"国际官方旅游交通协会大会"（International Congress of Official Tourist Traffic Associations，ICOTT）。几经名称、组织机构、总部地址、所属机构的变更，1975年10月正式确定"世界旅游组织"的名称，2003年11月正式成为联合国的一个专门机构，其缩写也改成了"UNWHO"。这个国际组织的宗旨是：促进和发展旅游事业，使之有利于经济发展、国际间相互了解、和平与繁荣以及不分种族、性别、语言或宗教信仰尊重人权和人的基本自由，并强调在贯彻这一宗旨时要特别注意发展中国家在旅游事业方面的利益。

世界旅游组织多年来通过的诸多文件对世界旅游业的发展起到了重要作用。1980年9月27日至10月10日，世界旅游组织在马尼拉举行世界旅游会议。会议集中了世界各国发展旅游的共识，由101个国家签署通过了当代世界旅游业发展的一份纲领性文件《马尼拉世界旅游宣言》。这份意义深远的文件所初创的当代世界旅游通行规则，论及旅游者的权利、旅游发展的目的及作用等问题，历经30多年，至今仍为世界诸多国家所推崇并遵循。宣言告知世人，旅游"只有以提高所有人的生活水平并改善其生活条件使之符合人的尊严为最终目标，才能得到繁荣的发展"。马尼拉世界旅游会议结束三年之后，1983年10月，中国才正式加入这一国际组织当中。

世界旅游组织或许清楚知道"旅游"的定义与"文化"定义一样难以确定，因而在世界旅游组织的文件中，从未对"旅游"进行过严格、明晰的定义，而是采取了一种迂回的方式，在为"旅游者"所做的定义中间接作答。

世界旅游组织所确认的旅游者，若以时长分，分为过夜旅游者（Tourism）：在所访问的国家逗留时间超过24小时且以休闲、商务、家事、使命或会议为目的的临时性旅游者；以及不过夜旅游者（Excursionists）：在所访问的目的地停留时间在24小时以内，且不过夜的临时性旅游者（包括游船旅游者）。若以人们的出行动机来做区分，它主要包括两类：①消遣（包括娱乐、独家、疗养、考察、宗教和体育活动）；②商务旅行、家庭旅行、出差、开会等。

（一）汉语层面的"旅游"与"旅行"

"旅游"一词真正进入大众层面，为大众熟知并成为日常用语，时间并不久远。1982年3月，随着第五届全国人民代表大会批准的国务院机构改革方案将原"中国旅行游览事业管理总局"更名为"国家旅游局"，"旅游"一词正式进入到政府管理体系当中。"旅游"这个词真正进入大众层面，又推后几年。20世纪80年代中叶随着国内旅游的萌芽兴盛，才将这一概念带入中国大众普通生活。在此之前的相当长的一个时段里，中国普通社会生活中的人们几乎没有人会在言谈话语中使用"旅游"一词，而代之以"到外地玩""到外地开会""探亲"等词语。《汉语大词典》援引的一个当代报刊使用"旅游"一词的时间较早的实例，是1981年第3期的《人民文学》杂志文章中的一句话："旅游事业突起后，就有人在半山寺开设茶水站。"

若以此作为一个观察点进行推算，则"旅游"一词真正受到中国社会大众的关注、进入到中国大众普通生活、话语体系，大抵与中国社会改革开放同步，应是近半个世纪发生的事情。

相比英语，现代汉语对"旅游"的细致表达，一直以来都存在着词汇较少、语义欠丰的问题。譬如，英语当中能够表达"旅游"语义的一些词，"Voyage"、"Journey"、"Tour"、"Trip"、"Travel"、"Tourism"、"Junketing"，等等，每个词都有各自不同的习惯用法与含义，但在汉语层面，常常遭遇的窘境是无法找出与这些词语完全对应的词语来进行对译。

汉语语境中，多年来许多人（尤其是旅游教科书）曾热衷于将"旅游""旅行"两个词进行语义分割，但每每囿于理解受限一家之言收效甚微，或者说并无实效。在今天的现实语境中，不仅是以正音正字保持权威的《新华字典》《现代汉语词典》并不采纳这些说法提法，在大众语境中"旅游""旅行"两个词的混用彼此替换，也是一种极为普遍的现象。

《汉语大词典》"旅游"（旅遊）条目下，标明了"旅游"的二解：

① 旅行游览。
② 谓长期寄居他乡。

"旅游"一词虽在古汉语中出现较早，但能找到的中国古人使用"旅游"一词的记载并不多，且多集中在古人诗文当中。《汉语大词典》在"旅游"的"旅行游览"概念解释时共列举了如下四条：南朝梁沈约的诗《悲哉行》："旅游媚年春，年春媚游人"；唐代诗人王勃的《涧底寒松赋》："岁八月壬子旅游于蜀，寻茅谿之涧"；宋代无名氏《异闻总录》卷一："临川画工黄生，旅游如广昌，至秩巴寨，卒长郎岩馆之"；明代吴承恩的《杂著》："东园公初晋七衮，言开曼龄，是日高宴……会有京华旅游淮海浪士，闻之欢喜。"

汉语大众普及类词典《新华字典》，更是直截了当将"旅游"词条注解为"旅行"，将"旅行"的词条注解为"旅游"。

本书在"文化旅游"的探究中，即依约定俗成的原理，采纳汉语辞书的通用解释，视"旅游""旅行"具有相同语义。

(二)《旅游法》中的"旅游"概念

随着当代中国经济的快速发展,旅游也快速进入到大众生活中来。制定一部与旅游相关的法律,自 21 世纪开年,一时间成为中国社会热谈。《中华人民共和国旅游法》因此而催生。

《中华人民共和国旅游法》起草时对"旅游"概念的长期争执、讨论,或也能为我们所说的"旅游"概念在当今国情下的复杂做一注脚。

《旅游法》起草时显然参考、借鉴了世界旅游组织对"旅游"的理解及对"旅游"厘定的概念范畴,一稿"旅游法草案",对"旅游"概念做出了这样的界定:"本法所称旅游,是指自然人为休闲、娱乐、游览、度假、探亲访友、就医疗养、购物、参加会议或从事经济、文化、体育、宗教活动,离开常住地到其他地方,连续停留时间不超过 12 个月,并且主要目的不是通过所从事的活动获取报酬的行为。"

这一语义内涵及外延基本与世界接轨的"旅游"概念,不曾想引发了不小的一场争执。一些人大代表提出,探亲访友、参加会议及从事经济社会活动等不应属于旅游活动。将参加会议等公务活动定义为旅游,会容易造成公款旅游的误解。

几经争议修改的《中华人民共和国旅游法》,最终于 2013 年 4 月 26 日第十二届全国人民代表大会常务委员会第二次会议以 150 票赞成、5 票弃权获表决通过。

在最终正式颁布的《中华人民共和国旅游法》当中,完全避开了"旅游"概念的设定问题,只在总则中做了含混提及:

> 在中华人民共和国境内的和在中华人民共和国境内组织到境外的游览、度假、休闲等形式的旅游活动以及为旅游活动提供相关服务的经营活动,适用本法。

自此,《旅游法》关于"旅游"的概念,以外延概念的形式确定下来,即:无论是在国内还是境外,游览、度假、休闲等形式的活动皆可称之为"旅游活动"。

人们参与境内或境外的"文化旅游",亦属"旅游活动"的范畴,无疑归属这部法律的适用范畴。

三、文化旅游的基本概念与形态

随着文化旅游的兴起，"文化旅游"迅速成为一个热词。如今无论是媒体报道中还是地方政府部门文件、政府官员讲话中，"文化旅游"的说辞已经是遍地开花。凡提及发展旅游的话题，"文化旅游"的字样几乎必然会跃上纸端。在近年一个新造的旅游概念"全域旅游"一词出现后，"文化旅游"的使用频率又上了一个台阶。

无论怎样，对"文化旅游"的众说纷纭，提升了文化旅游的市场需求。虽然现实当中人们对"文化旅游"的认知未必一致，但却并不影响社会的不同需求方按照各自的理解从"文化旅游"当中找到各自的需求。

应当看到，对"文化旅游"的理论探究，仍是一种社会需要。对"文化旅游"的理论探究，对文化旅游的稳健发展仍是十分重要的。

对"文化旅游"的理论探究仍需要回到"文化"和"旅游"的原点上来进行。而当我们对"文化"和"旅游"诸问题分别进行了深入剖析之后，就会发现，再来深入探究"文化旅游"的问题，似乎就已经容易了许多。

（一）文化旅游的定义

文化旅游既然作为一种广受旅游者推崇、每每被旅游业者视为看家产品的旅游形式，一直以来存在于研究者的视野当中。人们为文化旅游概念所做定义，也以研究者各自不同的理解存留下来。

英国学者艾伦·法伊奥（Alan Fyall）总结了他人对文化旅游所做的民族学和人类学解释："从民族学角度来看，文化旅游可以定义为'基于寻求一种全新的深层次文化经历，无论是在审美、知识、情感还是心理方面都是一种特殊的旅游活动。'从人类学角度来看，文化不仅仅是文化中心或旅游吸引物，让当地人表演一些宗教仪式、典礼或舞蹈，文化的更丰富的含义在于这些活动与许多不为人们所熟知的传统习俗密切相关，也是当地居民日常生活的一部分。"[①]

[①] 【英】艾伦·法伊奥，《旅游吸引物管理：新的方向》，东北财经大学出版社，2005年4月第1版第7页。

美国学者瓦伦·史密斯（Valene Smith）也以举例说明的方式对文化旅游进行了定义："文化旅游是去体验，有时甚至是去参与那些逐渐从人们脑海中消失的生活方式。目的地如诗如画般的情景，或换而言之，'本土色彩'是主要的吸引力所在。文化旅游的活动包括在典型的乡村客栈中进餐参加化装宴会，欣赏民俗舞表演、古典艺术和手工艺品展。参观弗吉尼亚州的殖民地威廉斯堡、密歇根州迪尔伯恩市的绿野村，或者去康涅迪克州的神秘海滩，都是典型的文化旅游的例子。"①

显然，这类定义相比"文化旅游"前置的"文化"两字含义而言，都显得太过狭窄了。只摘出来文化概念中特别小的一部分，而将文化一词所包含的其他主要内容做了忽略，过于狭隘也过于可惜。瓦伦·史密斯所做的六种旅游类型分类中，将"文化旅游"与"民族旅游""历史旅游""环境旅游""消遣旅游""商务旅游"混放在一起，也多少显得有些牵强混乱。

如果必须要对"文化旅游"下一个明确定义，那就应该不偏离"文化"一词本身为"文化旅游"这个组合词所做的涵盖，也无须纠缠在"文化"概念理论的复杂性里面，只需考虑"文化"与"旅游"结合后的现实性、实用性、可操作性，那么一个言简意赅的文化旅游定义是这样的：凡以文化为核心模块的旅游，即可称之为文化旅游。

之所以需要对"文化旅游"做一个言简意赅、直截了当的定义，自然与"文化旅游"概念在今天的现实社会里各类理解与应用有关。

现实社会中"文化旅游"一词常常会被披上玄妙华丽的外衣。但是，"文化旅游"其实并非"文化人"（知识分子）专属旅游形式，参加"文化旅游"并不需要跨进一道称为"文化"的门槛。因为无论是"高雅艺术"还是"大众艺术"，均能被"文化"所包括。对于旅游经营者来说，你需要的只是设计出针对不同知识储备的不同人群的分级分层的旅游线路产品，而一定不能是将文化旅游单纯视为高大上的产品分类，以此隔绝文化水平不太高的旅游者。毋庸讳言，旅游者选择各种"文化旅游"旅游线路产品时，必定会首先考虑这些路线产品与自身的文化、品位、兴趣爱好是否相当。否则，再精美的文化旅游线路产品，也难免会让非适用者感到

---

① 【美】查尔斯·R.格德纳等，《旅游学》，中国人民大学出版社，2008年5月第1版第251页。

"无趣""疲劳"。

文化旅游在现实中常常会被理解并操作成"寻古旅游"。一些旅游经营者或研究者，会将"探访古代文明"作为"文化旅游"的判别红线，这显然是不准确的。人类文化从来都是以古代文化、近现代文化、当代文化贯穿相承，文化旅游若只是截取人类文化当中的古代文化一段而置近现代文化、当代文化于不顾，自然是捡了芝麻丢了西瓜。

现实层面中对文化旅游的理解与操作最多的问题，仍在于把文化旅游局限在进庙烧香、参观展馆、剧院观戏这类具象旅游行为当中，原因仍是由对"文化"的理解不准确造成，结果让原本应当丰富多彩、活色生香的文化旅游，生生变成了呆板平面的文化贴图。厘清文化旅游的概念，以一个言简意赅的定义来划定文化旅游的范畴，则有望避免这类的问题。

（二）文化旅游的三种形态

现实中文化旅游因人们作为社会人所处的不同位置、考量的不同，其表现形态也呈现出很大的不同。主要形态有以下三种：

第一种，旅游者的文化旅游形态。

旅游者的文化旅游形态呈现出来的主要是自我价值的评判，可以有对世界的兴趣、对观念的参悟，也可以有小情调地对某一类流行文化的崇慕或追星。既可以是筹谋在先，动身在后，"兵马未动，粮草先行"，也可以是一时兴起、随性而为。为了了解印度，准备三年然后一而再再而三地实地到访印度即属于前一种情况，而谈话间兴致陡生相约几天后几个人一起到洛杉矶实地感受奥斯卡颁奖礼盛况，则显属后一种情况。

第二种，旅游经营者的文化旅游形态。

旅游经营者呈现的文化旅游是以旅游线路产品的形式面向市场、面向旅游消费者的，其最大的特点在于基本或完全成熟，在行程计划、交通工具确定、游览景点的选择及安排时长、领队或导游的衔接、率领及讲述等问题上都有了一个通盘考量。旅游经营者的文化旅游需要专业的策划和投入，不可以随心所欲。因为这类文化旅游线路产品是要卖给旅游者的。产品是否有特色、有吸引力，是否适销对路、旅游者认账与否等问题，缺一不可，都需要考虑在内。对于希望参加文化旅游又不愿自己劳神搞定一次旅游过程中必须要解决的出住行游诸项问题的旅游消费者，旅游经营者推出的文化旅游线路产品或是一个不错的选择。这类旅游经营者的文化旅游线路产品因为多以大众旅游者为行销对象，故而缺憾往往也十分明显：线路产品比较单调乏味，经年不变显得老旧，在吸引年轻的旅游消费者方面优势不具而弱势明显。

第三种，地方政府部门的文化旅游形态。

这一类的文化旅游因政府权力部门能够借助媒体的力量广散远播，成为今天中国当代社会文化旅游的最主要传播途径，文化旅游近年之盛，很大的原因来自这方面的助推。但这类形态的文化旅游，通常是由地方政府部门以振兴地方经济为目标而做出的，"文化搭台，旅游唱戏""文化搭台，经济唱戏"。在这类"文化旅游"当中，往往缺少对旅游细节的考量，图了一时热闹，而文化旅游的持恒效果不佳。例如一些地方政府举办的"剪纸节""民俗节"之类，当时动静不小，很快踪影全无。但不容否认，这类活动对地方名气的远播，仍起到了不小的作用。

第二章
文化旅游的分类及特质

文化旅游因人类的发展而出现，又因人类的旅游发展而兴盛。宽泛而言，人类的历史、人类的旅游历史，与文化旅游发展史不仅密不可分而且高度重合。因为对"文化"概念的理解区别，以往人们常会把"文化旅游"圈定在一个小小的范围内，其实在今天看来，显然有些狭隘了。比如德国旅游研究者瓦莱纳·施密特就曾认为，"文化旅游"即去参加乡村社会，去看去听那里的民俗文艺。他对旅游进行了另外几个分类，即"人种旅游"（寻找古老的居民，以了解他们的风俗习惯。这种旅游者与人种学家和探险家相近）、"历史旅游"（去参观博物馆、教堂、尚存在或已消亡的文明的历史名胜）、"生态旅游"（一些精英人物去探寻阿拉斯加、加拉帕戈斯群岛和南极洲）、"消遣旅游"（这种大众旅游包括体育和休闲活动，但往往集中在海边、温泉或雪山上）。其实按照今天人们对文化的理解，所有的这些分类也都应被归入文化旅游的范畴内来解读。

文化旅游的特质，正在于其与人类文化、人类文明、人类历史、人类发展乃至人类的未来的特殊联系而得以显现。

一、文化旅游的宽泛分类

许多对"文化旅游"的定义，往往也会连带着将文化旅游进行分类。英国的约翰·斯沃布鲁克（Swarbrook）在其《旅游消费者行为学》（*Consumer Behaviour in Tourism*）一书中，就将文化旅游分为三个方面内容："去参观文化遗产性的旅游资源和旅游目的地""想要尝试和体验国家、宗教以及当地食物和美酒的度假旅游""观看传统体育项目和参与当地的休闲娱乐活动。"①

将由"人类生活方式的总和"（德国哲学家赫尔德语）的"文化"领衔的"文化旅游"进行分类自然不易。从理论上讲，因人类的生活方式成千上万且变化多端，展示、体验这种成千上万且变化多端的文化的"文化旅游"，也同样可以是成千上万且变化多端。但事实上，并非所有的人类生活方式都能被"文化旅游"所吸纳。知识的、法律的、道德的、政治的、经济的、市场的、好恶的、兴趣爱好的等人们所做的各种选择，都决定了"文化旅游"只可能是一种局限性很强的旅游方式。现代旅游业从1851年托马斯·库克旅行社成立起算不足200年，挑选制作的"文化旅游"产品虽数以万计，但较之人类生活方式的庞大内容，怕也只能算是九牛一毛。

能够纳入"文化旅游"的人类生活方式，往往具有诸多相同的特质，比如符合人类文明理念和普世价值，有对真善美的向往和追求、有较高的性价比，等等。其中与文化艺术、人类历史相关的文化旅游，常常受到不同时代、不同国度的旅游者的普遍喜爱，经久不变、固化为"文化旅游"的核心模块。

文化旅游的这些核心模块，与联合国世界旅游组织的认知完全一致。世界旅游组织在《全球旅游伦理规范》中，就干脆将第四条以"旅游：人类文化遗产的利用者和改善这些遗产的贡献者"直接设定为小标题。

（一）由文化遗产厘定的文化旅游

文化旅游当中体量最大的内容来自文化遗产，而"物质文化遗产"及"非物质文化遗产"的概念内涵与边界，已经在1972年11月联合国教科文组织通过的《保护世界文化和自然遗产公约》（Convention Concerning the Protection of the World Cultural and Natural Heritage，简称《世界遗产公约》）以及2003年10月通过的《保护非物质文化遗产公约》（Convention for the Safeguarding of the Intangible Cultural Heritage，简称《非物质文化遗产公约》）中得到了完整科学的表述。

《世界遗产公约》给定的"文化遗产"（Cultural Heritage）概念包括三个类型

---

① 【英】约翰·斯沃布鲁克，《旅游消费者行为学》，电子工业出版社，2004年9月第1版第28页。

范畴：

- 文物：从历史、艺术或科学角度看具有突出的普遍价值的建筑物、碑雕和碑画、具有考古性质成分或结构、铭文、窟洞以及联合体。
- 建筑群：从历史、艺术或科学角度看，在建筑式样、分布均匀或与环境景色结合方面，具有突出的普遍价值的单立或连接的建筑群。
- 遗址：从历史、审美、人种学或人类学角度看具有突出的普遍价值的人类工程或自然与人联合工程以及考古地址等地方。

《世界遗产公约》的配套文件《执行世界遗产公约的操作准则》（*Operational Guide Lines for the Implementation of the World Heritage Convention*）为世界遗产的评定提供了具体的依据，对于世界文化遗产，必须符合下列一项或几项标准：

（ⅰ）代表一种人类的创造性天才杰作；

（ⅱ）能在一定时期内或世界某一文化区域内，对建筑艺术、纪念物艺术、城镇规划或景观设计方面的发展产生过重要影响；

（ⅲ）能为一种已消逝或仍在延续的文明或文化传统提供一种独特的至少是特殊的见证；

（ⅳ）可作为一种建筑或建筑群或科技成就或景观的杰出范例，展示出人类历史上一个（或几个）重要阶段；

（ⅴ）可作为传统的人类居住地、使用地或海洋利用的杰出范例，代表一种（或几种）文化，或代表人类与环境的融汇，尤其在不可逆转之变化的影响下变得易于损坏；

（ⅵ）与具有突出普遍意义的事件或现行传统或思想或信仰或文学艺术作品有直接或实质的联系。

截止到2019年5月列入《世界遗产名录》中的世界遗产共计1092项，其中文化遗产数量最多，为845项。

文化遗产类别当中还包括曾被以单独类别列出后又归并在"文化遗产"大类中的"文化景观遗产"（Cultural Landscape Heritage）。

文化景观遗产以其独特的视角和选取的范围，既不同于文化遗产对文化的倾情关注，也与自然遗产对自然的关爱有所区别。它主要体现的，是人类长期的生产、生活与大自然所达成的一种和谐与平衡，与以往的单纯层面的遗产相比，它更强调人与环境共荣共存、可持续发展的理念。从这个意义上来看，文化景观遗产的确定，标志着现代人类文明的一大进步。

文化景观遗产代表"自然与人类的共同作品"。一般来说，文化景观包含有以下三种类型：

（ⅰ）由人类有意设计和建筑的景观。包括出于美学原因建造的园林和公园景观，它们经常（但并不总是）与宗教或其他纪念性建筑物或建筑群有联系。

（ⅱ）有机进化的景观。它产生于最初始的一种社会、经济、行政以及宗教需要，并通过与周围自然环境的相联系或相适应而发展到目前的形式。它又包括两种类别：一是残遗物（或化石）景观，代表一种过去某段时间已经完结的进化过程，不管是突发的或是渐进的。它们之所以具有突出、普遍价值，还在于显著特点依然体现在实物上。二是持续性景观，它在当今与传统生活方式相联系的社会中，保持一种积极的社会作用，而且其自身演变过程仍在进行之中，同时又展示了历史上其演变发展的物证。

（ⅲ）关联性文化景观。这类景观列入《世界遗产名录》，以与自然因素、强烈的宗教、艺术或文化相联系为特征，而不是以文化物证为特征。

作为"连接自然与文化的纽带"，文化景观概念的确立拓宽了我们关于生物和文化多样性相互交叉关系的思维，并促使人们按照明确的目标，去制订协同计划，以保护在传统的保护区范围外的这两种类型的多样性。

这个含义非常广泛的"文化景观"的概念被世界遗产委员会采纳并用以表达"人和自然相互作用产生的作品"，在世界遗产的历史中有深远意义。世界遗产委员会曾表示，文化景观遗产类别的出现，使得《世界遗产公约》的实施和执行特点也有了一些变化，今后的世界遗产认定，会越来越向认可文化和自然遗产之间的相互关系方面努力。显而易见，在文化景观遗产诞生之后，人们的认识发生了许多变化，对文化景观所代表的人与自然的关联，被明显重视起来。1993年秋天，关于文化景观问题的专家会议在德国泰姆普林（Templin）举行。会议决定，修订《执行世界遗产公约的操作准则》的内容，以利于文化景观的评定；同时文化景观的收录适用世界遗产中文化遗产的6个标准。目前《世界遗产名录》中列入的"文化景观"遗产，包含在"文化遗产"类别计数中共计有102项。我国境内的文化景观遗产包括庐山、五台山、西湖、红河稻米梯田、左江花山壁画5项。

世界遗产中另有一专门的类别"文化与自然双重遗产"（Cultural and Natural Mixed Heritage），因包含文化和自然两方面的内容，这类世界遗产同时适用文化遗产的标准和自然遗产的标准。

世界遗产中将在历史、艺术或科学及审美、人种学、人类学方面有着世界意义的纪念文物、建筑物、遗迹等的文化遗产，和在审美、科学、保存形态上特别具有世界价值的地形或生物，包括景观在内的地域等的自然遗产融合起来，构成的另一个单独类别的遗产，就是同时含有文化与自然两方面因素的文化与自然双重遗产。文化与自然合二为一的双重遗产意味的并不是文化遗产与自然遗产的简单叠加，而是深层寓意着人类从改造自然、利用自然到与自然和谐相处的观念的巨大变化。目前《世界遗产名录》包含了此类遗产共计38项，其中我国境内的泰山、黄山、武夷山、峨眉山均属此遗产类别。

与《世界遗产公约》配套的《非物质文化遗产公约》对"非物质文化遗产"（Intangible Cultural Heritage）概念的界定是："'非物质文化遗产'指被各群体、团体，有时为个人视为其文化遗产的各种实践、表演、表现形式、知识和技能，及其有关的工具、实物、工艺品和文化场所。各个群体和团体随着其所处环境、与自然界的相互关系和历史的条件不断使这种代代相传的非物质文化遗产得到创新，同时使他们自己具有一种认同感和历史感，从而促进了文化多样性和人类的创造力。"

按照《保护非物质文化遗产公约》对非物质文化遗产的定义，"非物质文化遗产"包括以下几方面内容：

（a）口头传说和表述，包括作为非物质文化遗产媒介的语言；

（b）表演艺术；

（c）社会风俗、礼仪、节庆；

（d）有关自然界和宇宙的知识和实践；

（e）传统的手工艺技能。

截止到2018年，列入联合国教科文组织《非物质文化遗产名录》的非物质文化遗产共计508项。这个数字是自2008年《非物质文化遗产名录》设立以来共11年进入名录的总数。这与中国2006年、2008年、2011年、2014年四次发布的《国家级非物质文化遗产名录》公布的1372项国家级非物质文化遗产相比，留给了人们更多的理性思考。

中国1985年12月12日加入《世界遗产公约》、2004年2月12日加入《非物质文化遗产公约》后，2011年2月25日制定通过了《中华人民共和国非物质文化遗产保护法》。该法第二条亦明确了非物质文化遗产的概念："本法所称非物质文化遗产，是指各族人民世代相传并视为其文化遗产组成部分的各种传统文化表现形式，以及与传统文化表现形式相关的实物和场所。包括：（一）传统口头文学以及作为其载体的语言；（二）传统美术、书法、音乐、舞蹈、戏剧、曲艺和杂技；（三）传统技艺、医药和历法；（四）传统礼仪、节庆等民俗；（五）传统体育和游艺；（六）其他非物质文化遗产。"

联合国教科文组织的物质文化遗产与非物质文化遗产法定的概念，以及中国非物质文化遗产法确定的非物质文化遗产内容，因与文化旅游所要呈现的内容十分合拍对位，或者说正是文化旅游的原生起点，无可争辩地厘定了文化旅游的大致框架，成为文化旅游的最主要构成部分。

截止到2019年6月，列入《世界遗产名录》的文化遗产数量为845项（其中包括了文化景观遗产102项），文化与自然双重遗产38项；列入《非物质文化遗产名录》的非物质文化遗产共计508项。虽然这些遗产项因国际政治、地区安全、宗教冲突、环境脆弱、交通不便、旅游认知度不高等各类原因并非都可以与旅游关联在一起，但以这两个名录相关遗产项为依据的所有旅游者的旅游行程、旅游经营者的线路产品设计、遗产地当地管理方的旅游推广，都无可争辩地应被视为文化旅游的范畴。

（二）与"八大艺术"相关的文化旅游

艺术是用形象来反映现实却比现实更具典型性的社会意识形态。从艺术史的角度来看，人类艺术作品的存世时间几乎与人类的历史一样长，从早期的史前艺术一直延续到今天的当代艺术。

随着各门艺术的出现、发展与兴盛，人类对艺术门类的认定也持续了相当长的时间。从古希腊时代，即有"三大艺术"绘画（Painting）、雕塑（Sculpture）和建筑（Architecture）首先被认定。其后随着文学（Literature）、戏剧（Drama）以及音乐（Music）、舞蹈（Dance）的入围，又有了"五大艺术""七大艺术"的提法。相比其他艺术形式，电影（Film）因出现的历史最晚，且在出现后面临持续不断的电影是独立艺术还是综合艺术的争执，是"八大艺术"中最迟囊括在内的艺术门类。

"八大艺术"的分类延续至今，亦有人将其再做精简，将艺术分为了三类：文学（包括戏剧、诗歌和散文）、表演艺术（包括舞蹈、音乐和戏剧），以及视觉艺术（包括绘画、电影、建筑、陶瓷、雕塑和摄影）。

"八大艺术"当中的"文学"，与"文化旅游"的关联最为直接，深爱文学的旅游者也最乐于参与其中。英国作家罗杰·塔厚尔（Roger Tagholm）所写的《漫步文学伦敦》（*Walking Literary London*），正是为这类旅游者提供的精确指引：

> 继续走到街底寻找切尔西老教堂（Chelsea Old Church），亨利·詹姆斯常在这里做礼拜，1916年他的葬礼也在这里举行。拉迪亚德·吉卜林和自传杰作《父与子》（*Father and Son*）的作者埃德蒙·戈斯（Edmund Gosse，1849—1928）都是当时的追悼者。戈斯写道："当我们立在那位有着无比智慧、高贵仁慈心肠的人物旁时，我突然闪过一个念头，那就是，对世世代代尚未受到他的价值启发的人们来说，切尔西教堂必须永远成为死者的祭坛。"
>
> 沿着教堂左转至切恩道（Cheyne Walk），然后在劳伦斯街（Lawrence

Street）角稍作停顿。对面那栋旁立着鸟雕像的华丽街区，就是卡莱尔豪宅（Carlyle Mansions）；亨利·詹姆斯住在21号，并且在此去世。他在1913年搬来这里，他曾写道："就算是经过简短的测算，从圣贤到海鸥萦绕盘桓此处这一点来看，这足以证明这个切尔西的居所正是我想要的。"这是一栋宏伟的建筑，堪称为"作家之楼"，因为继亨利·詹姆斯后，T. S. 艾略特曾住在19号3楼，就在亨利·詹姆斯的公寓楼下。1950年，就在这位《荒原》（The Waste Land）的作者搬进来四年后，弗莱明（詹姆斯·邦德）的创造者也进入此区。要碰到这种有两位以上、风格截然不同的文学人物比邻而居的机会，实在不容易。①

受人敬仰的著名作家往往会顺理成章被他曾生活过的城市拿来借力吸引旅游者，阿根廷首都布宜诺斯艾利斯对此操作烂熟于心、得心应手，皆因在这座城市出生并生活过一位伟大的"作家中的作家"博尔赫斯。豪尔赫·路易斯·博尔赫斯（Jorge Luis Borges，1899年8月24日—1986年6月14日）是阿根廷著名诗人、小说家、散文家兼翻译家，作品享誉世界，读者遍布全球。许多人到访布宜诺斯艾利斯，博尔赫斯曾任馆长并在诗中赞美为"天堂模样"的阿根廷国立图书馆，成为必游的景点。其他留有博尔赫斯踪迹的地方，比如博尔赫斯博物馆、科隆剧院、他曾生活过的麦普街（Maipu）994号、执教过的布宜诺斯艾利斯大学抑或和他没有太多联系只是用他的名字揽客的"博尔赫斯文化中心"，也常常可见慕名而来的世界各地的旅游者。

"八大艺术"中的"建筑"吸引旅游者、被旅游者追捧的事情更为人们熟悉。无论是埃及的金字塔还是中国的长城，都因古老的建筑闻名于世且成为旅游者心仪的旅游目的地。对此旅游经营者深得其味，北京故宫、巴黎圣母院等重要历史建筑的图片，常常被用在招徕旅游者的广告中。

对此，评论家安德鲁·巴兰坦（Andrew Ballantyen）做过这样的分析："建筑之所以重要，一个原因是它能透露给我们一些线索，从而使得我们了解历史上的统治

---

① 罗杰·塔厚尔，《漫步文学伦敦》，三联书店，2006年9月第1版第61页。

者真正看重的事物。另外一个原因，是建筑还能告诉我们，它如何使我们——活着的人——以特定的方式生活成为可能，并且让我们能够彼此和向自己证明什么才是我们关注之事。"①

许多对建筑关注、喜爱建筑的旅游者追访建筑，往往会将建筑本身看得与建筑内的陈设一样重要。比如，到访东京国立西方艺术博物馆（National Museum of Western Art，Tokyo）的建筑爱好旅游者，除了美术馆展品的诱惑之外，也会将探寻这座建筑本身具有的特殊意义当作到访的目的。这座著名的水泥建筑，是建筑家勒·柯布西埃（Le Corbusier）的重要作品，已在2016年与7个国家的17座建筑一起被联合国教科文组织认定列为世界遗产。

雕塑、公共建筑和纪念碑等艺术形式，因面向整个社会、对公众展示，将旅游者作为观众其实一直以来都是这类艺术作品的一个基本追求。设立在露天的大卫雕像一定要让人们走到近前围绕去看；巴特农神庙设在所有人都能轻易看到的位置而不是只有祭司才能看见的位置。各型各类的"文化旅游"的震撼力，往往正是借助艺术作品的这类特点而发散。

"八大艺术"中的舞蹈、音乐以及其他表演艺术演出，对旅游者的感召力亦不可小觑。2015年美国的音乐剧《汉密尔顿》（*Hamilton*）正式上演时，预订一下子就订满三年。慕名前来观看的国内旅游者从佐治亚州、缅因州、艾奥瓦州各个方向赶到纽约，争先成为这一观演"文化旅游"的体验者、实践者。

年复一年影响力不减的音乐会当数奥地利维也纳新年音乐会。这个始自1939年的具有悠久历史的音乐会，早已成为受到全世界关注的每年新年到来时的全球第一场音乐盛会。1989年中央电视台通过卫星开始同步直播这场音乐会，国内的人们自此结识并逐渐熟识了这场音乐与芭蕾交织的音乐会。维也纳实地旅游时音乐会的举办地金色大厅成了出境旅游者必去的打卡之地，更有少数幸运者通过提前订票现场观看过这场举世瞩目的演出。

"八大艺术"中的"绘画"，尤其是那些最为著名的绘画作品，永远都不会缺少对旅游者的感召力。因而无论是在巴黎卢浮宫收藏的达·芬奇《蒙娜丽莎》前，

---

① 安德鲁·巴兰坦，《建筑与文化》，外语教学与研究出版社，2007年7月第1版第136页。

还是在西班牙马德里的普拉多博物馆并排摆放的戈雅的《裸体的玛哈》和《穿衣的玛哈》画作前，永远都会聚满全世界的旅游者。

2015年年初，位于美国佛州圣彼得斯堡的达利博物馆，成为这座二十多万人的小城最热闹的地方。早上寒意正浓时博物馆门外就已经有上百人在等待入场。这里举办的"达利与毕加索双人展"，吸引了不少对20世纪最伟大的三位画家中的两位达利与毕加索熟悉的人们，其中包括了许多老人与学生，以及外地、外国的旅游者。展览精妙的广告语，无疑增加了这个双人展对外来旅游者的诱惑："TWO LEGENDS, SIDE BY SIDE"（两相连，肩并肩），"PICASSO/DALI, DALI/PICASSO"（毕加索/达利，达利/毕加索）。将达利与毕加索的作品放在一起展出，可以说让这个艺术展的看点倍增。虽说$24的票价与美国各类博物馆、艺术馆相比显得有些不菲，但因为这里既有达利也有毕加索，这样的机会即便是在达利及毕加索的祖国西班牙，亦属十分难得。展览主办方因而自豪地称这一展览为"Landmark Exhibition"（里程碑式的展览）。展览介绍中还有一句点睛之语："They Changed the Ways that Art was Understood"（他们改变了艺术的理解方式），诸多参观者既会表示赞同又可以受到这句话的诱惑。这个展览不仅有不需付费的语音讲解耳机提供给人们，而且还有同样不需另付费用的义务讲解。这类讲解分对成人的和对孩子的两种。对孩子们的讲解因相对浅显一些、速度慢一些，因而也适用那些对达利与毕加索不甚熟悉的普通观众，跟听的人们不光有孩子，成年人、老人也有不少。

与"八大艺术"门类相关的旅游活动无疑皆属"文化旅游"范畴。这样的一种朴素认知，或正是在1964年成立的"中国旅行游览事业管理局"（其后又两次更名为"中国旅行游览事业管理总局"、"中华人民共和国国家旅游局"）存世五十多年后，归并在文化部而非曾经讨论过的归并在商务部、交通运输部的几个方案的一个可视为符合文化的内在逻辑的原因。

今天的国内旅游企业若想以"八大艺术"做"文化旅游"的大文章，或许离不开要与政府主管部门打一些交道。需要特别指出的是，无论是原"文化部"还是新成立的"文化和旅游部"，其管理的文化事项，都只局限在八大艺术门类中的六类：绘画、雕塑、文学、戏剧、音乐、舞蹈，而建筑、电影两类，依据政府部门分工，则分由其他两个不同的政府部门管辖。

（三）"文化旅游"囊括与人类生活方式相关的多类旅游方式

人类生活方式当然不局限于"八大艺术"。艺术之外的社会广阔空间，也都是人类的生活方式范畴，因而也完全可以被攫取、被采信，事实上人类诸多丰富多彩、形态各异的生活方式早已被不同时代、不同地域的人们以旅游的方式歆享体味了。将这样的一些对人类生活方式的体验活动，以"文化旅游"的百宝阁聚齐标识，并不存在先有鸡还是先有蛋的疑惑，而只应算是一种逻辑链上的简单合理的归纳。

文化旅游的基本判别并不复杂，凡核心模块为文化的旅游，皆可以"文化旅游"名之。依照这样的认知，能够纳入"文化旅游"的旅游类型、旅游形式，自然不能局限在"文化遗产"或"八大艺术"的范畴，"文化"的丰富含义使得"文化旅游"必然是种类繁多、形态不一。

将到访以物理形态存在的古建筑、古迹遗存的旅游列在文化旅游的范畴，这是目前绝大多数旅游经营者放在广告的"文化旅游"栏下的主要内容。长城旅游、故宫旅游以及以古代文明源头为目的地的旅游，比如埃及旅游、印度旅游等，还包括古城旅游、古镇古村旅游、丝绸之路旅游等具历史含量的旅游，都属文化旅游范畴。这一类的历史文化旅游，自现代旅游业出现之日就已经诞生，吸引了一代又一代旅游者，滋养过一家又一家旅游经营者。再过10年、50年，这类极具生命力的历史文化旅游仍将会存在，且不会有太大改变。

以物理形态存在的人类文化附着物并不是必须要到遗址废墟才能见到，它们常常会以物品的形式得到保存，而到访保存这些文化物品的博物馆，也自然属于文化旅游。

与人类制造联系在一起的各类旅游形式，也仍然可以放在"文化旅游"的范畴内来进行认知。人类制造了各种各样的交通工具，那么与人类制造的各类交通工具相关的旅游，比如自行车旅游、飞机旅游、火车旅游、巴士旅游、游轮旅游等，也必然富含了文化旅游的养分。与人类制造存在内在联系的工业旅游，也自然应纳入文化旅游的范畴。

人类的技术革命带来世界的不断变化，许多技术进步的成果今天都已经可以通过人类的旅游活动来直接体验。比如为体验医学进步，医疗旅游、美容旅游应运而生。韩国近年来针对中国旅游市场主推的"整容旅游"，正是这一类文化旅游的一个最直接体现。

要想体验航天技术的进步，航天旅游、太空旅游则是一个最直接的选择。这类与人类技术进步联系在一起的文化旅游，与以古迹遗址为目的地的历史文化旅游的不同，是具有鲜明的时代禀赋。2007年40岁的伊朗裔美国妇女阿努谢赫·安萨里带着保湿霜、唇膏和护肤液作为人类"太空旅游"的第四位游客微笑着走进了俄罗斯的联盟号TMA-9载人飞船开启她的"太空旅游"的时候，已经清楚表明人类已经迈过了对"太空旅游"的驻足观望、悄然等待的阶段，"太空旅游"的产品构建、规划制作、宣传销售、具象实施已经进入了实质层面。因应现实需求，为向大众介绍太空旅游，美国太空探险公司总裁埃里克·安德森还亲自撰写了一本《太空游客手册》。

文化包含了人的意识形态，也收罗了人的喜怒哀乐及兴趣爱好。而兴趣爱好的趋同，正是诸多旅游方式、旅游产品长盛不衰的理由。踏春旅游、赏花旅游、红叶旅游、冰雪旅游，一年四季这类应景旅游扣合了诸多旅游者的心扉。钓鱼旅游、摄影旅游、登山旅游、徒步旅游的爱好者，也让这些旅游形式年复一年魅力不减。与此相关的还有体育旅游、奥运旅游之类，也都是以集中人群的一类爱好为招徕。足可见文化旅游在满足、适应人们的个性需求、兴趣爱好方面，优势远超其他类型旅游。2017年美国拍摄的高分纪录长片《在北极的天空下》(Under an Arctic Sky)，记录的是著名的极限摄影师克里斯克卡尔（ChrisBurkard）带领着一群冷水域冲浪爱好者冬天来冰岛的西峡湾冲浪的一段旅游经历，从文化的视角去看，仍旧可以被称为一次文化旅游。

综上不难看出，文化旅游是一类具有极高包容性的旅游类型、旅游形式，文化的核心模块是其最重要的判别依据。因文化乃集人类生活方式之大成的缘由，以文化为核心模块的文化旅游则顺理成章囊括了与人类生活方式相关的各型各类的旅游。

二、文化旅游中的世界遗产旅游及其他

旅游出行本身体现出来的就是一项文化活动。确定到哪里去、去看什么，对这样的出行有何种期待，多是人们经过一次或多次思考后所做的选择。即便是那种"随便走走""随大流"的人云亦云旅游，其实也在不经意间体现出了人类思想的一种主观故意。

"开阔眼界""增长见识"，不仅是社群生活的成人旅游者本人的自觉意识，而且他们也必定会将这样的见解投射给身边的其他人，波及家中的孩子和老人。社群生活中每个人的相互作用影响，则会将这样的意识渐渐转化为颠扑不破的行事规则。

文化旅游中尤其是文化旅游中的世界遗产旅游部分，因积累了人类历史的、精神层面的、工艺技术的等多方面的元素，许多又经社会精英的择选被冠之以"世界遗产""国家遗产""人类非物质文化遗产"等称名，具有了最为集中的文化价值、最高的出行性价比，因而在"开阔眼界""增长见识"的期许中，这类主题的旅游定然会成为人们旅游目标之首选。旅游业存世百年的趋势也辅以佐证，旅游经营者售卖的此类文化含量较高的产品，则最有可能获取最稳定、最大的旅游收益。

以往的研究者中，注意到这点的也不乏其人。例如，英国学者莎克里（Shackley）就将世界遗产旅游形象地称作"旅游者的磁石"。认为一俟获得世界遗产称号，就对旅游者人数做出了实质性的保障。①

（一）世界遗产与世界遗产旅游

自1972年联合国教科文组织《世界遗产公约》正式面世之后，"世界遗产"从语词概念到意识效应，已经在全世界得以广泛传播，与普通人们的社会生活产生了千丝万缕的联系。"世界遗产"的成功推广，可以说为社会科学的普及与推广提供了一个经典范例。世界遗产所构建的全球性主题则是关乎和平、发展的人类共同遗产的保护。公约的法律效力得以实现，全世界共同的认识文化和自然价值的准则以及相应的理念，也由此呈现出来。提炼公约的精神要旨，主要包括：世界遗产均具

---

① 【英】艾伦·法伊奥，《旅游吸引物管理》，东北财经大学出版社，2005年4月第1版第136页。

有"突出的普遍价值"（Outsanding Universal Value）；世界遗产是人类共同遗产的组成部分；保护它们是人类共同的责任；要保证将世界遗产世世代代保存下去。

在对世界遗产的缜密观察当中，我们会发现一个特别的现象，那就是世界遗产理念的普及传播，并非是单纯依靠联合国教科文组织官员以及世界遗产相关学科的研究者来完成的。全球每年逾亿光顾世界遗产地的旅游者，透过世界遗产旅游，也亲身参与到这样的活动中来。乃至今天，《保护世界文化与自然遗产公约》（Convention Concerning the Protection of the World Cultural and Natural Heritage）成为当今世界上签约国家最多、最具效力的一个国际法文件，世界各地的旅游者在其中起到了重要的、不可替代的作用。正是这些普通的旅游者，在亲临世界遗产地、直接感受到世界遗产的魅力之后，承载了世界遗产教育的熏陶，又把对世界遗产的深一步认识接续传递。

这类状况在我国亦如是。我国政府1978年签署世界遗产公约之时，从政府层面到社会普罗大众，对世界遗产的认识尚十分浅薄。而随着社会的发展尤其是世界遗产旅游的普及，"世界遗产"一词在中国社会语言生活中的使用频度已经大大增加。类似长城、故宫、兵马俑、黄山、泰山等世界遗产地的旅游持续高热的状况，表明了旅游者对"世界遗产"的价值始终施以另眼。人们的旅游出行，已经是自觉或不自觉地受到了"世界遗产"一词的影响。虽说大众对世界遗产的认知尚多漂浮在浅层，国内存在的"申遗热"等行为暴露出太多的经济利益考量也已经影响到了公众对世界遗产的正确解读，但毫无疑问，公众对世界遗产的认知已经得到了全面普及与提高，则是不争的事实。

世界遗产旅游有其本身的诸项规律，隐含的世界遗产教育含义就是其一。虽则在世界遗产本身，这样的意义已经甚为明朗，教科文组织也已在公约当中开宗明义一一铺陈，但在实际应用当中，现实中的世界遗产旅游如何实现，在人们知觉中仍稍嫌模糊，仍是需要来做认真地探讨。不仅是世界遗产教育的本源，甚至是作为世界遗产教育根基之一的世界遗产旅游问题，也十分需要我们在理论模式中上首先进行合理的阐述，以避免沉浸其中的世界遗产教育无处着落、空泛虚衍。

"世界遗产旅游"在我国曾被人诟病，尤其是旅游开发波及世界遗产景区，影响到世界遗产真实性、完整性形象的时候，世界遗产旅游免不了会随着恶性旅游开发吃瓜落。一些世界遗产地对世界遗产旅游施行不力，旅游企业对世界遗产旅游涉及不多，与人们对世界遗产旅游的尺度把握拿捏不准不无关联。类似的情况在学界亦如此，我们看到的不多的世界遗产旅游研究文章，因对世界遗产问题了解浮于表面、涉猎不深，也普遍存在较明显的畏首畏尾、游移不定的表现。

但是实际上，"世界遗产旅游"在世界遗产领域中始终就是一个通识概念。联合国世界遗产委员会的诸项文件以及正式出版物《世界遗产评论》（*World Heritage Review*）、《世界遗产手册》（*World Heritage Kit*）当中，"世界遗产旅游"一词多有出现。在专门作为教育培训之用的《年轻人手中的世界遗产》（*World Heritage in Young Hands*）一书中，甚至辟有专门的篇章，对世界遗产旅游进行了详细阐述。该书在论述世界遗产旅游的必要性时，还引用了教科文组织前任总干事长费德里尼·梅厄先生的这样一句话："旅游能激发人们欣赏人类共有的自然与文化遗产，并以此促进彼此间的了解。那么，还有比旅游更好的办法来做到这一点吗？"由此不难见出，世界遗产旅游有其存在的合理性。

世界遗产旅游由于有"世界遗产"的金字招牌，是对海量旅游资源的优中选优，可以有效地为非旅游专家层面的大众旅游者节省旅游抉择准备期的时间成本。比如，人们在遴选以文化为主旨的旅游时，完全可以在现今《世界遗产名录》的文化遗产中进行挑选；而如果期待旅程能够求得文化与自然的相得益彰，则《世界遗产名录》中为数不多的世界文化与自然双重遗产就会跃然而出，为我们提供出省时省力、最有价值的参考。

在世界遗产日益普及的状态下，世界遗产的普世价值也早已经为大众旅游者所诚服、所接受。人们在对旅游经历的预想中，"世界遗产"已经成了一个远比其他因素更加诱人的要素，有力地左右着人们的选择。举一个中国安徽的例子也许更容易被看得清楚：宏村、西递村借助于世界遗产的声名年年旅游者不断，而徽南类似宏村、西递一样较好保存了原始风貌的古村落尚有不少，仅只是因为没有宏村、西递一般的"世界遗产"名气，所以在对旅游者的吸引力上会相差很远。

但是，这显然不是说世界遗产旅游可以任意为之。旅游对世界遗产的危害，事实上在世界遗产公约实施之初，就已经被人们注意到了。世界遗产委员会的合作伙伴世界自然保护联盟（IUCN）在谈及世界遗产面临的威胁时，曾将"过度旅游"

与战争冲突、采矿威胁、外来物种入侵、修路、世界遗产地周边的开发相提并论，提出过严肃警告。

这就涉及世界遗产旅游的特殊性问题。世界遗产是值得人们倾注心血的一片沃土，而"世界遗产旅游"则必须是一项精心而为的高级产品策划。近年来我国的一些世界遗产地在利用世界遗产招牌招徕旅游者时普遍存在的粗暴简单的行为，以及一些旅游企业施行的与其他普通旅游毫无二致的"世界遗产旅游"，与此要求并不匹配。

首先就是不能"过度"。作为旅游景区景点的世界遗产地，必须要有严格的旅游者数量限制。作为世界遗产地的北京故宫规定出每日最大客流为8万人的限流指标，可以说就是一个值得肯定的做法。

与其他类型的旅游不同，世界遗产旅游一定不比单纯的休闲度假游。与到大海边晒太阳、到著名的高尔夫球场打球明显不同，文化教育、知识传播是融入其中无法避开的一个重要内容。参加世界遗产旅游与参加其他旅游类型的明显区别，就是报名参加世界遗产旅游的旅游者，等于已经间接表明了接受世界遗产教育的意愿。

"世界遗产旅游"与"遗产旅游"有部分重合，但也并不完全是一回事，并不能在二者之间画等号。

"遗产"的概念在历史中远比"世界遗产"久远。一些旧有的如今被后人认为有价值的东西，都可以称作遗产。私法上的"遗产"概念更是纯粹，前人遗留下来的有价值的物品，都可以"遗产"名之。其主要落脚点，是在"遗产权"的归属上面。而"世界遗产"则完全不同，它被称为"全人类的共同遗产"，其类属与价值，我们在其与海洋、南极、外太空同被联合国认定为"全人类的共同遗产"的认知中可以深切感知。英国的戴伦·J.蒂莫西与斯蒂芬·博伊德合写的《遗产旅游》（*Heritage Tourism*）一书，把遗产分为世界遗产、国家遗产、本地遗产、个人遗产几部分。① 显而易见，与"世界遗产旅游"相关的，只是其中的"世界遗产"一个部分。其他部分的遗产，并非是价值不高，因为没有完成世界遗产的法律确认，因而到那些地方的旅游，我们暂时不能称其为"世界遗产旅游"。

---

① 【英】戴伦·J.蒂莫西/斯蒂芬·博伊德，《遗产旅游》，旅游教育出版社，2007年1月。

从科学层面来看,"世界遗产"因为有日臻完善的一整套操作模式,有国际法中最高级别的法律文件"公约"来做提纲挈领的规则厘定,又有几做修改的"操作指南"来进行严丝合缝的运作比照,以及 IUCN、ICOMOS、ICCROM 等合作伙伴的自始至终的鼎力协助,所以其科学性、严肃性毋庸置疑,非当今世界上其他任何一个奖项评选可以类比。

我们如果要谈及世界遗产、世界遗产旅游,就完全不能脱离开这样的环境而去对世界遗产问题进行随心所欲的随意阐释。在国际上已有近半个世纪历史的成熟的世界遗产研究,力求科学表达的准确及通俗,难得见有我国的研究文章中大量夹杂的高等数学公式,因为那除了能够唬人,别无他用;另见我国的一些研究文章,以"三维空间"或"非经济性"一类概念来进行世界遗产的唯心阐释,把世界遗产研究或引入庸俗经济学的范畴,或搁置在玄学的旧书架上,都是不足取的。

自 1978 年世界上第一批世界遗产公示以来,所有的世界遗产地均未采取过封闭管理,尚没有任何一个世界遗产地会完全将旅游者阻挡在门外。一些世界遗产地采取的限制旅游者的方式,也是为了充分体现其保护世界遗产的理念,同样是对世界遗产教育的精神贯通。

就一个普通人的基本能量而言,即使是浮皮潦草、走马观花,终其一生也很难将全部的世界遗产地走遍。因为从目前状况来看,世界遗产虽至 2018 年已达到 1092 项,但仍在以每年一二十项的数量递增。而且,由于许多单项世界遗产都包括了多处世界遗产地,比如"明清皇陵"一项世界遗产,就包括有北京十三陵、河北易县清西陵、河北遵化清东陵、南京明孝陵、湖北明显陵、辽宁关外三陵等多处世界遗产地,旅游者想要全部抵及,非经缜密旅程编排不可。由于世界遗产的博大精深,差不多各类兴趣的人们,在其中都能找到契合自己心绪的兴奋点。故而基于参与世界遗产旅游、接受世界遗产教育的需要,人们必得首先对世界遗产进行轻重缓急的细化区分。细化区分后的实际用途,当然就是为了选择的方便。

具体而言,分类方式可以是多种多样的。比如,想观赏并了解野生动物习性的,可以去往喀麦隆的"德贾动物保护区";对人类的起源有兴趣,可以到埃塞俄比亚去看"阿瓦什河下游河谷";如果想了解史前文明,英国的"巨石阵、阿韦伯端和有关的史前遗址"是一个好去处;而体验乡间生活、考察历史村落,则可以前去中国的西递、宏村,以及日本的"白川乡和五箇山历史村座"或匈牙利的"霍洛克村"。

1995年进入《世界遗产名录》的日本白川乡合掌屋,每年都能吸引大批旅游者前往,当地所采取的"保护"举措,就是其中一个很大的卖点。为防止积雪压塌,白川乡许多传统民居房子的外观都是60度尖顶,上面再用厚重的稻草铺顶。每次房顶换稻草,原本的一项正常保护程序,在旅游经营者的包装下,都已经变成了一个卖点。全世界的不少旅游者,都乐意千里迢迢跑到这里来看这一民俗活动。当然,到白川乡或五箇山旅游的最佳时节还是冬季。大雪过后,白川乡和五箇山的房子尖尖的屋顶上堆满厚厚的积雪,方显出其非凡的个性。

图2-1 雪后的世界遗产地日本白川乡

大致而论,文化遗产的旅游因为富含有文化的汁液,与普及型的大众旅游可以联系更加密切;自然遗产的旅游,则因聚合了人们对大自然的崇敬与向往,与科学普及旅游、自然探险旅游较贴近;文化与自然双重遗产的旅游,兼有文化遗产及自然遗产的效能,因而适合从大众到专属人群的各种人群的游览;与近年间较为热门的"休闲旅游"最为一致的,当数世界文化遗产分类中的"由人类和大自然共同创造的"文化景观遗产的旅游。挪威卑尔根城市的"布吕根"区域、意大利的"阿玛尔菲海岸景观"、新西兰的"汤加里罗国家公园"等,都是这一类文化景观遗产的杰出代表。不仅值得人们去那里参加寓教于乐的休闲旅游,也十分利于人们从中获取这类遗产所宣示的人与自然和谐相处的直观教育。这类文化景观遗产,中国目前也已经有了5项,分别是庐山、五台山、杭州西湖文化景观、红河哈尼梯田、花山岩画。

联合国教科文组织全体大会第三十一届会议于2001年11月2日在巴黎通过的《关于世界遗产的布达佩斯宣言》提出了如下四项战略目标：加强《世界遗产名录》的可靠性；有效保护世界遗产；促进切实有效地提高缔约国的能力；通过传播手段加强公众对世界遗产的了解、参与和支持。与"通过传播手段加强公众对世界遗产的了解、参与和支持"相比，开展"世界遗产旅游"所能得到的类似效果，则显然主动得多，把握性也更高。

"世界遗产旅游"与其他类型旅游的最大区别，当然就在于它是"世界遗产"。这看似简单的概念区分，但认真实施起来却并不容易。

正像世界遗产的价值通常会以质感的外在形式体现出来一样，世界遗产教育当然也需要在外部形式上有所要求。世界遗产旅游中的世界遗产教育，应求得真实、准确、简约、直观。我们因此也可以把"世界遗产旅游"分为三个层面。第一个层面，是关于世界遗产基础知识的准确表达；第二个层面，是对世界遗产兴趣产生后期待的深一步了解；第三个层面，当然就是越过了喜好阶段进入的专业世界遗产研究。通常世界遗产地景区景点、旅行社所需进行的世界遗产旅游、世界遗产教育，只要适合于以上第一个层面就可以了。但也千万不要以为第一个层面准确表达世界遗产的基础知识是一件容易做好的事，现实告诉我们，我们的一些世界遗产地景区景点或旅游局、旅行社，在此方面的认知短缺仍十分普遍。

世界遗产地通常都会特别竖立一个世界遗产的标志牌，一方面宣示自己的法定地位，另一方面也可以为旅游者留影提供便利。事实也的确如此，现实中不愿意在"世界遗产"标志牌前留影的旅游者会少之又少。

对于进入《世界遗产名录》的每项世界遗产，世界遗产委员会都会按照操作指南确定的标准，一一对应详细说明并给定一段言简意赅的评价语。这里以意大利的"瓦拉底那托城镇群"来做具体说明。

意大利"晚期巴洛克时期的古城瓦拉底那托城镇群（西西里东南）"2002年进入《世界遗产名录》时，世界遗产委员会给出了如下理由：它符合标准（i）：西西里东南部的这个城镇群落为晚期的巴洛克艺术和建筑天才提供了有力的证明；符合标准（ii）：瓦拉底那托城镇群代表着欧洲巴洛克艺术的顶峰时期；符合标准

（ⅳ）：那托地区的晚期巴洛克艺术与建筑的特殊性在于地理与年代上的协调，也在于它的数量，它是这个地区1693年的一次大地震的结果；另外它还符合标准（ⅴ）：构成这次提名的西西里的8个城镇，是这一地区的居留模式与城市构成的特色地区，它们永远地受到埃特纳米山的喷发与地震的威胁。世界遗产委员会为这项遗产做出的评价语是："西西里东南部的8个城镇：卡塔尼亚、拉古萨、那托、西西里等都是1693年后在原来地震的城镇之上或是旁边又重建的。它们代表着当时很高水平的建筑和艺术成就。这一地区不仅仍保留着晚期巴洛克风格，而且还展现出城市建筑与城镇规划方面的特色创新。"

作为对世界遗产的科学评判与价值肯定，这样的理由和评价语至关重要，它可以非常便捷地帮助人们对此项世界遗产进行综合把握，是参加世界遗产旅游的人们真心需要的，对于人们理解并接受世界遗产教育不可或缺。可惜的是，类似这样的珍贵资料，不仅在我们的一些"世界遗产之旅"旅游团难以见到，在目前国内的多数世界遗产地也无处可寻。我们的世界遗产地景区或组织世界遗产旅游的旅行社，事实上是有责任将这些理由与评价告诉给旅游者的。比如将它们刻写在世界遗产地的石碑或印刷在宣传资料上，以方便人们时时的温习、默诵。人们每一次这样的温习、默诵，都应该是对世界遗产的一次很好的学习机会，无疑可以让人们与世界遗产的情感纽带连接更加紧密。其实我们完全不必担心旅游者能否生厌，因为旅游者在选择世界遗产地为旅游目的地的时候，就已经有了接受世界遗产教育的准备。我们没能适时提供出来，旅游者反倒可能会在心理上感到失落。

物质类世界遗产是静态的，而非物质文化遗产则以动态呈现于世。物质类世界遗产如能与非物质文化遗产结合，留给旅游者的印象当为最佳。菲律宾伊富高人的稻米梯田和他们吟诵丰收的哈德哈德圣歌、摩洛哥马拉喀什这座古城和它的广场文化空间，就是目前物质特色与非物质特色遗产有机契合的"遗产对儿"典范。"世界遗产旅游"的考量，应尽量多地利用这样一些不可多得的资源。

世界遗产旅游成功与否的判定其实很简单，如若旅游者在参加了一次"世界遗产旅游"之后，收获如同平常，那这样的"世界遗产旅游"就不能算是成功。比照大众观光旅游的平安、顺利的基准标准来，世界遗产旅游显然要有更高一些的追求。比如同样是到柬埔寨看吴哥窟，旅行社如果是以"世界遗产"为招徕，申明所参加的是一次世界遗产旅游，那旅游者报名时必然会多生出一份期待，这项世界遗产的入选理由、UNESCO 的评价语以及相连的遗产保护故事等，都一定会对旅游者的脾胃。假如说你只想要借用"世界遗产"的名堂，并无此等文化功底，安排的行程与所有普通团毫无二致，那旅游者自然就会有未尽其兴抑或货不对板的感觉。一次世界遗产旅游的失望，就可能会影响到旅游者参加新的世界遗产旅游的热情。

（二）古镇旅游体现的文化旅游特质

古镇、古村之所以珍贵，之所以被游人喜欢，是因为它的建筑、它的自然与人文景色许多是今日无法造出来的，自会让现代人建筑的那些仿古"唐城""宋城"，相形见绌。对历史有兴趣的人，到那些"唐城""宋城"，或许会感到开心、感到欢乐，但是，却很难会被感动。尤其是在知道了世上明明有真的而看到的是假的时候，开心、欢乐也或将不存了。古镇、古村能够在今天吸引旅游者的最重要一点，就是包含有一个"真"字在里面。"真"作为古镇的表征，是隐于古镇、古村的文化旅游特质的体现，也是古镇、古村旅游的原动力所在。

"古镇""古村"炙手可热为时并不太长。与所有古镇的氤氲历史无涉，与多年来文物部门强调的保护也关系不大，旅游业的兴旺发展，是其最根本的原因。

有别于人工打造的唐城、宋城、西游记宫、大观园之类景点景区，古镇一定是保有其原真性基本形态的遗存，一定不是今时的人们新建出来的。构成古镇的诸多因素，比如形制、建筑、周边环境等，都隶属于人类历史的刻度记忆，是可触摸到的人类文明的遗存。古镇的古桥、古街巷、古屋、古树等，都构成了当地生活年代久远的客观依据。即使是像乌镇一样，将某座乡下的古桥移来放到景区当中，虽行事方式显得鲁莽似不妥帖，但古桥本身的真实性倒也经得起追究。今天一些地方的部分古镇经过修复，虽然夹杂了一些新建筑在其中，但通常并不会完全妨碍古镇的整体形制，古的部分依旧会以"真"的形态保留下来而充满魅力。

"古镇旅游"常常与古城、古村被人们归类放在一起，这自有其合理性。因为在中国古代建制中，村、镇、城的概念也常常因时代环境、权力更迭而变迁。将其以旅游目的地的同一性列位，自然便于旅游目的地筹划和旅游者认知。

古镇旅游的兴起，与其他类型的旅游，比如生态旅游、红色旅游的兴起一样，最重要的问题是应当避免疾风趁火匆匆起步、任意夸大其作用。今天旅游市场中的古镇旅游推广，常有对古镇旅游意义的夸大表述，其实这并不会促进古镇旅游的发展。主导的政府旅游管理部门及古镇旅游的经营者必须明白的一件事是，即使是我们开足马力、花最大气力，动用一切促销、招徕手段，也不可能让所有的人都对古镇旅游产生兴趣。古镇旅游的文化旅游类型属性，决定了这一点。

谁人会对古镇感兴趣呢？这就涉及了古镇旅游的目标对象及旅游者心理分析的问题。游子寻根是重要的一个原因。若改用旅游业营销语汇，那就是乡情观念会成为拉动古镇旅游的重要一环。我们今天所说的游子，当然早已不拘泥于海外，只是借用来对所有原乡人的泛称。这些原从古镇走出来的人们，对故乡的眷恋，往往不仅使本人会拖家带口成为今天的古镇旅游的重要客源，这些人的影响力，也会带来更多人对古镇产生兴趣。尤其是一些原本名气并不太响的古镇，由原乡人或言或唱或书或忆予以带动多会成功。这类例子最典型的，应当是台湾地区电影《小城故事》带动的台湾地区彰化县鹿港小镇旅游的兴旺。

古镇文化旅游能够被今天的旅游者认同并乐于参与，很重要的一个原因似乎来自天赐：原本人人向往的现代都市生活，因为喧闹、紧张、烦乱、污染等原因，很容易让生活在其中的人们产生一种倦怠感。能够抑制这种大城市病的一个药方，当然就是到与眼前的生活环境存有差异的地方去旅游。而古镇旅游，则就成为了其中一个重要选项。

由自然山水、人文地理、古朴建筑构成的古镇旅游，常常会给享用城市生活日久的人带来"惊艳"的感觉。与纯自然风光旅游可能带给人们自然美感不同，古镇旅游因必须要与乡人打交道，心灵上受到伦理震撼则更为可能。比如人们若是到四川邛崃的平乐古镇旅游，便很可能会在那座"古码头"前顿悟：原来司马相如与卓文君的爱情故事是确有其事的！这座如今被挂上"私奔码头"招牌的古码头，与嫦娥的神话传说故事不同的是，它的确是人类文明史上一个真实发生的爱情故事的见证。再比如到北京西部的蔚县古镇、古村旅游，旅游者就会发现一家仍在使用"豆腐账"赊账的乡村豆腐坊。那本小学生作业本记的"豆腐账"，当地人习以为常、不以为然，但却会让城市来的旅游者大吃一惊，感叹"诚信"二字在风云变幻的中国乡间并没有完全被荡涤。这样的一些意外收获，无疑会让古镇旅游非比寻常。

古镇旅游的这类内在特征，自然是其魅力所在。发展古镇旅游，本不可失魂，然而现实中我们看到了不少可惜之处，是一些古镇在发展古镇旅游时常常会急功近利，按照制式化的景点景区来打造古镇，让古镇魅力大减。

能够留给旅游者印象深刻的古镇，一定是活态的、生活化的。即亦是旅游景观，亦是日常生活。江南、云南的几个原住民不存的纯商业化的古镇，虽然热热闹闹，单从人气、营收来看也还不错，但其实也是对古镇旅游的灵魂的损毁；一些政府旅游部门把"古镇旅游"以星级分类，显然也是来自一种官僚作风的蹩脚认识。

在现代化席卷城乡的大潮冲击下，诸多古镇能够保存下来，这或多或少也算得上是一个奇迹。今天的人们所强调的"文化遗产"概念，让古镇旅游的可持续性发展具备了可行性。这方面，日本的经验正可以给我们以借鉴。20世纪80年代，日本曾搞过一个"再造魅力故乡"的民间运动，日本北海道的小樽运河，正是在那个时期得以修复的。小樽运河声名鹊起受到社会关注旅游者云集后，当地的管理者立即提出了一个新的目标，那就是"不要浮萍式观光"。这样的想法，若以旅游策划而论，也绝对算得上是一个妙招。到小樽运河游览的旅游者，自会有一种自豪感燃于心头。日本小樽运河的旅游开发经验告诉我们，尊重文化，强调特征，亦会让古镇文化旅游的可持续性不断得以延展。

图 2-2　日本小樽运河游客服务中心

从世界遗产与世界遗产旅游的角度来认知古镇旅游，也会让我们对"文化旅游"的感知更加深刻。

在国际法框架下出现的世界遗产概念，主要区分为文化遗产与自然遗产两部分。世界遗产这一概念的出现，并非是闭门造车、凭空想象，而是发轫于现代人类对人类文明的理解与感受。在世界遗产这一概念的确定中，其中的文化遗产部分略早于自然遗产。古城、古镇、古村，则是文化遗产中的重要组成部分。

在现今的世界遗产当中，文化遗产被确定为三个类型范畴：一是文物；二是建筑群；三是遗址。可以说，古城、古镇、古村的概念与世界遗产确立的这些范畴都有着内在联系。从与《世界遗产公约》配套的文件《执行世界遗产公约的操作标准》当中，我们也能看到隐于其中的内在联系："能在一定时期内或世界某一文化区域内，对建筑艺术、纪念物艺术、城镇规划或景观设计方面的发展产生过重要影响"；"能为一种已消逝或仍在延续的文明或文化传统提供一种独特的至少是特殊的见证"；"可作为传统的人类居住地、使用地或海洋利用的杰出范例，代表一种（或几种）文化，或代表人类与环境的融汇，尤其在不可逆转之变化的影响下变得易于损坏。"

1978年世界上诞生的第一批12项世界遗产，其中就有两项是古城。一项是厄瓜多尔的基多古城（City of Quito），一项是波兰的克拉科夫历史名城（Historic Centre of Kraków）。基多古城是在16世纪印加古城的废墟上建立起来的，是拉美地区保存最好、变化最小的历史中心。联合国教科文组织认定对它的评价是："厄瓜多尔的首都基多城海拔2850米，是在16世纪一个印加城市的废墟上建立起来的。尽管历经了1917年的地震，基多仍然是拉丁美洲保存最好、变化最小的历史中心。圣弗朗西斯修道院和圣多明各修道院、拉孔帕尼亚的教堂和耶稣会学院，连同这些建筑华丽的内部装饰都成为了'基多巴洛克风格'的纯正典范，完美地融合了西班牙、意大利、摩尔人式、佛兰德和当地艺术。"克拉科夫是波兰的旧都，保存有许多中世纪的遗存。联合国教科文组织认定对它的评价是："克拉科夫历史名城，是波兰的前首都，坐落于华威尔皇家城堡的山脚下。这个13世纪的商业城镇拥有欧洲最大的露天市场和无数内部装潢华丽的历史建筑、宫殿及教堂。克拉科夫历史名城其他迷人的遗迹包括14世纪的要塞遗址、卡齐米日的中世纪遗址及其位于城南的古老犹太教堂、加杰劳尼大学和波兰国王的安息之地——哥特式大教堂。"

1987年我们国家开始有了第一批世界遗产，而同年评为世界遗产的一个古镇、古村，就是匈牙利的霍洛克村（Old Village of Hollókő and its Surroundings）。这个隐于马特卡山脚的著名的小村庄，是《世界遗产名录》记录的第一个古镇、古村。联合国教科文组织对它的评介是："霍洛克是被精心保护下来的传统民居的一个典型范例，该村落主要建立于17和18世纪，生动地展示了20世纪农业革命前乡村生活的生动图景。"其后，更多的古城、古镇、古村进入到《世界遗产名录》中来，包括古巴的卡马圭历史中心（Historic Centre of Camagüey）、法国的工程师沃邦的堡垒建筑（Fortifications of Vauban）、意大利的曼图亚城与萨比奥内塔城（Mantua and Sabbioneta）和马来西亚的马六甲与乔治城——马六甲海峡的历史名城（Melaka and George Town, historic cities of the Straits of Malacca）。

图2-3　世界遗产中的马六甲海峡的历史名城乔治城

"世界遗产"是一个法定性概念，它与国际法中两个公约《世界遗产公约》《非物质文化遗产公约》粘连在一起，《世界遗产名录》则是它的成就的一项直观体现。虽然说从现实来看，仅仅在我们身边，就还有一大批古城、古镇、古村没能进入世界遗产的行列，但世界遗产的精神可以被我们体味，世界遗产的管理方式仍可以为我们的古镇文化旅游的开展提供借鉴。因其充分体现的文化旅游特质，古镇旅游可以按照世界遗产旅游的形制去搭建、去实施。

第三章
文化旅游的发展脉络

人类文化中的绘画、雕塑、文学、舞蹈、音乐、建筑、戏剧、电影"八大艺术"的出现,来自人类的意识自觉与刻意追求。希冀对人类文化进行追索的"文化旅游",亦有着同样的缘由,来自人类的意识自觉。

人类与生俱来的想要了解世界、了解社会、了解生活、了解他人、了解人类文化中的诸多问题的向往与期待,催生了文化旅游的萌动,构成了参与文化旅游的原动力。而只要对人类旅游的历史进行一次快速的检索就不难发现,正是这类以文化为核心模块的文化旅游,一直与人类旅游业的进程共存共荣。

对文化旅游的发展脉络,西方学者也一直有自己的独特观察和分析。克劳德·法布里齐奥(Claude Fabrizzio)就有这样的认识:"事实上,在西方社会,对其他文化的认真研究,长期以来一直是生活的一个组成部分,这首先是人种学家、历史学家和考古学家等学科的学者以及一批有钱的高级旅行家独有的活动领域。""近来,我们目睹了文化旅游业的出现,这一行业的生存依赖于世界某一地区为了其他地区的娱乐而展示自己的魅力。"[1]

一、随人类旅游史一同生长的文化旅游

人类有明确出行动机的行旅当中,朝圣旅游、商务旅游、探亲旅游等旅游类型,在中世纪的欧洲都已经大量出现。其中的朝圣出行,留下的史料似乎更多一

---

[1] UNESCO,《石头、文化和时间》,中国对外翻译出版公司,2003年9月第1版第5页。

些。朝圣旅游作为早期的宗教旅游，因含有明显的文化表征，自然应被文化旅游所容纳。

在近现代旅游业出现并兴起后，不分中外，旅行社所经营的旅游线路产品中，文化旅游线路产品因具对旅游者较高吸引力能为旅游经营者直接、快速带来利益，故而受到倚重。

1927年在上海成立的中国国内第一家旅行社"中国旅行社"，经营的旅游线路产品通达北京、广东广西两广地区、贵州、云南。长城、庐山、西湖、太湖、黄山、雁荡山、普陀山、雪窦山、崂山、宜兴、金华、兰溪、采石、沈阳的东陵北陵等地，均有中国旅行社游览团留下的履痕。资料显示其一家分社，1933年12月和1936年11月，也都分别组织过华南长线旅游团。除组织国内的文化旅游外，中国旅行社也开展过出境旅游，组织过一些到国外的文化旅游活动。1926年由许光丰任领队的日本观赏樱花团，由20多人参加，两周时间行程包括长崎、京都、东京、大阪、日光、宫岛、别府。[①]

世界公认的人类最早的旅行社托马斯·库克（Thomas Cook），曾一度将埃及旅游当成是拳头产品，因为在很长一段时间内，它拥有埃及尼罗河游船的独家经营权。

托马斯·库克如何拿到尼罗河游船独家经营权的故事，今天读来也还是饶有趣味的。那是托马斯·库克的第一次埃及之旅，不幸的是他乘坐的木帆船航行在尼罗河上的时候，突然被一阵风浪打翻。如果人们由此猜想这个故事的结尾是一个悲剧那就错了，因为后面发生的事情足见出托马斯·库克是怎样的一名不同凡响的商人、一名出色的旅游业奇才。爬上岸来的托马斯·库克并没有对翻船事件进行任何抱怨，而是马上向满脸歉意的当地经营者提出要求，签下了尼罗河游船旅游的独家经营权。用一次意外换来了一个大单，托马斯·库克的市场策略不能不说是精明。当然，从他跌落到尼罗河之后，尼罗河的游船旅游开始发生了质变。而其后有序开展的尼罗河游船旅游，旅游者从开罗乘坐游船南下一路游览卢克索、阿斯旺、阿布辛贝勒，其实都始自于托马斯·库克的那次尼罗河落难。

---

① 王淑良，《中国旅游史》，旅游教育出版社，1999年8月第1版第218页至220页。

（一）旅游书刊引导的文化旅游

文化旅游因为牵涉人类的诸多历史年代、事件、典故、故事等，与安排旅游者去沙滩上晒太阳或单纯地仅提供交通食宿的小包价旅游、半包价旅游不同，若缺少了相应的文化知识，则旅游的体验必不能完满。

人类最早成立的旅行社托马斯·库克也是最早领悟到这点。从资料来看，1841年7月5日托马斯·库克包租了一列火车，以火车专列的形式经办了一次会议旅游，组织了一个570人的大型旅游团从英国中部地区的莱斯特到拉巴夫勒参加禁酒大会。并没有托马斯·库克为这一仅需提供交通安排的小包价旅游编写旅游指引的记载，然而其后托马斯·库克在文化旅游大规模开展后，这类记载明显多了起来。现存资料记载了托马斯·库克为参团旅游者至少编写过这样两次旅游手册：

《利物浦之行手册》：1845年夏托马斯·库克组织了一次时长一周的全包价旅游（All Inclusive Holidays），从莱斯特到英格兰西部的海港城市利物浦。托马斯·库克考虑到这次文化旅游与以往小规模、小包价旅游的不同，为此团350名旅游者专门编写了《利物浦之行手册》。

《苏格兰之行手册》：1846年托马斯·库克亲自带领一个旅行团由莱斯特出发到苏格兰旅行。这个旅游团行程相对复杂，要经过火车和轮船等交通工具的几次转换，托马斯·库克的特别安排便是编写旅游行程表发给每个人，并为旅游团配置了导游。这次旅游取得成功后，生意大好。为应对其后几年每年5000多人在英伦三岛之间旅行的生意，托马斯·库克专门编写了《苏格兰之行手册》。

托马斯·库克自19世纪40年代制作编写了他的第一本旅游手册《利物浦之行手册》后，将此作为生意延续下来，很快扩展到欧洲其他国家、近东、北非和其他地区。他为自己的旅游手册确定的目标客户群是"人数众多、思想简单、敏于行的中产阶层"（a broader and less sophisticated middle-class audience）。其后的托马斯·库克父子公司（Thomas Cook & Son）更是将此作为专项事业，以"库克旅游者手册"（Cook's Tourists' Handbooks）为总名称，为旅游者出版了一系列旅游指南书，成为文化旅游者的重要的旅游向导。

以下是托马斯·库克父子公司在19世纪到20世纪间编写出版的各类旅游手册

的不完全目录（List of Cook's travel guides）：

比利时 Belgium

- Cook's Tourist's Handbook for Holland, Belgium, and the Rhine, London: T. Cook & Son, 1874
- Cook's Tourist's Handbook for Holland, Belgium, and the Rhine, London: T. Cook & Son, 1877
- Cook's Tourist's Handbook for Holland, Belgium, the Rhine and Black Forest, London: T. Cook & Son, 1901
- Traveller's Handbook for Belgium and the Ardennes, London: T. Cook & Son, 1911
- Traveller's Handbook for Belgium and the Ardennes, London: T. Cook & Son, 1921

中国 China

- Cook's Handbook for Tourists to Peking, Tientsin, Shan-Hai-Kwan, Mukden, Dalny, Port Arthur, and Seoul, London: Thomas Cook & Son, 1910

法国 France

- Cook's Guide to Paris
- Cook's Handbook to the Health Resorts of the South of France, London: Thomas Cook & Son, 1881
- Cook's Handbook for Normandy and Brittany, London: T. Cook & Son, 1883
- Thomas Cook Ltd.（1898）, Cook's handbook for Normandy and Brittany .., London: T. Cook & Son, OCLC 8376896

德国 Germany

- Cook's Tourist's Handbook for the Black Forest, London: T. Cook & Son, 1876
- Cook's Tourist's Handbook for the Rhine（South-Western Germany）and

the Black Forest, London: T. Cook & Son, 1906

英国 Great Britain

- Handbook of the Trip to Liverpool. Leicester: T. Cook. 1845
- Cook's Scottish Tourist Practical Directory, London: Thomas Cook, 1866
- Cook's Handbook for London, London: Thos. Cook & Son, 1878
- Cook's Handbook for London, London: T. Cook & Son, 1881

印度 India

- India, Burma, Ceylon and South Africa, London: T. Cook & Son, 1904

意大利 Italy

- Cook's Handbook to Florence, London: T. Cook & Son, 1874
- Cook's Handbook to Venice, London: T. Cook & Son, 1874
- Cook's Tourist's Handbook for Southern Italy, London: T. Cook & Son, 1875
- Cook's Tourist's Handbook for Southern Italy, Rome and Sicily., London: Thos. Cook & son., 1905
- Cook's Tourist's Handbook for Northern Italy, London: Thomas Cook & Son, 1875
- Cook's Tourist's Handbook for Northern Italy, London: T. Cook & Son, 1881
- Cook's Handbook to Naples and Environs, London: T. Cook & Son, 1922, OCLC 11961945

荷兰 Netherlands

- Cook's Tourist's Handbook for Holland, Belgium, and the Rhine, London: T. Cook & Son, 1874
- Cook's Tourist's Handbook for Holland, Belgium, and the Rhine, London: T. Cook & Son, 1877

新西兰 New Zealand

- New Zealand as a Tourist and Health Resort, Auckland: T. Cook & Son,

1902，OCLC 18158487

北非 North Africa

- Cook's Tourists' Handbook for Egypt，London：T. Cook & Son，1876
- Cook's Practical Guide to Algiers，Algeria and Tunisia，London：T. Cook & Son，1904
- Cook's Practical Guide to Algeria and Tunisia，London：T. Cook & Son，1908
- Ernest Alfred Wallis Budge（1906），Cook's Handbook for Egypt and the Sudan（2nd ed.），London：T. Cook & Son，OCLC 7434398 + Index［7］

巴勒斯坦和叙利亚 Palestine and Syria

- Cook's Tourists' Handbook to Palestine and Syria 1876 edition

瑞典 Sweden

- Thomas Cook & Son（1907），Cook's Handbook to Norway and Denmark, with Iceland and Spitsbergen，London
- Thomas Cook & Son（1911），Cook's Handbook to Norway and Denmark, with Iceland and Spitsbergen，London + Index
- Thomas Cook Ltd.（1922），Traveller's Handbook for Norway and Denmark，London

西班牙 Spain

- Albert F. Calvert（1912），Traveller's Handbook for Spain，London：Thomas Cook & Son

瑞士 Switzerland

- Cook's Tourist's Handbook to Switzerland，London：T. Cook & Son，1874
- Cook's Tourist's Handbook for Switzerland，London：T. Cook & Son，1876，OCLC 28700602

叙利亚 Syria

- Cook's Tourists' Handbook for Palestine and Syria，London：T. Cook & Son，1876 + Index

托马斯·库克父子公司出版旅游书籍的示范作用，很快受到推广。1927年中国最早的旅行社中国旅行社在上海成立时，就将出版部与运输部、车务部、航务部、会计部、出纳部、稽核部、文书处一起，列为旅行社7部1处的机构设置当中，出版过多期《旅行杂志》。

旅游者尤其是文化旅游者对旅游手册的需求一直保持了兴旺。不仅是近代人、普通人，当代人作为专家学者的加利福尼亚大学教授迪安·麦卡内尔在一次巴黎之行之前，也首先想到去找旅游指南之类的书读读：

> 我选择了两本指南作为蓝本。一本是上面引用到的《巴黎博览会英美使用指南：1900》（伦敦：威廉·海涅曼公司［William Heinemann］），另一本是卡尔·贝德克尔（德国出版家）有名的《巴黎及近郊从伦敦到巴黎的线路：旅行者手册》（莱比锡：卡尔·贝德克尔，1900）。贝德克尔旅行手册包括了其他指南中提到的每一个工作展示的详尽描述，还有我唯一读到的旅游者的评价。贝德克尔旅行手册尽管包罗万象，却太过于学术化。如果一个景点在所有的旅程当中都没有被提到，那这个地方就没有受到注意，从制度化的旅游业的角度来说，它就不是吸引物，也不会经常有旅游者去参观。①

从迪安·麦卡内尔在去巴黎之前先找旅游指南这件事来看，一次文化旅游开始之前，相关知识的学习和补充必不可少。当然，迪安·麦卡内尔对旅游指南的点评，对其提供的内容的评点则异于普通人。普通旅游者对这类旅游指南的内容，往往会是不加取舍全盘接受。故而他应该是不属于《库克旅游者手册》定位的"人数众多、思想简单、敏于行的中产阶层"（a broader and less sophisticated middle-class audience），而应是今天仍在旅游经营者那里不太受欢迎的"敏于思"（moresophisticated）的知识阶层旅游者。

（二）欧洲中世纪的文化旅游与中国古代文化旅游

以托马斯·库克为起点的现代旅游业兴起之前，无论是在东方还是在西方，文

---

① 【美】Dean MacCannell，《旅游者：休闲阶层新论》，广西师范大学出版社，2009年7月第1版第65页。

化旅游其实就已经大量存在于世。那个时期的文化旅游,主要以旅行家个人的出行形式,以各类旅行笔记记载的形式为后人所知。

《马可·波罗行记》(*The Travels of Marco Polo*)便是其一。

虽然《马可·波罗行记》(亦名《东方闻见录》或《马可·波罗游纪》),后人的真伪争议不小,但仍不妨碍人们对这本书所描绘的13世纪后期元朝统治下之中国的城市面貌文化景观进行了解、观察。书中描写的北京城是"全城地面规划有如棋盘,其美善之极,未可言宣",马可·波罗对皇室宫殿屋宇的富丽堂皇,以及那些异乎寻常的人工装饰也大加赞叹:"此宫之大,向所未见!"当来到另一座南方城市杭州时,马可·波罗称赞说:"行在城所供给之快乐,世界诸城无有及之者,人处其中自信为置身天堂。"时隔近百年,今天的杭州城在做旅游推销时,也常常会用马可·波罗的这句话来进行门面装点。

除却马可·波罗的跨洲旅游,中世纪欧洲的更多的旅游者参与的多是在欧洲内部往返的洲内旅游。

法国利摩日大学中世纪史教授让·韦尔东在他的著作《中世纪的旅行》(*Voyager au Moyen Age*)一书中,为人们描绘了中世纪欧洲涉及各类人群的热闹的市井旅游景象:

> 在中世纪,旅行并不是一种反常的例外景象,诚然,对许多农民来说,蛰居家中是相宜的,但除农民之外,不断地在高山峡谷之中跋涉的,却大有人在。
>
> 神职人员、教皇和教廷的人经常要离开罗马去意大利的其他城市。另外,还要到法国各地去游历。主教或长老要外出巡视他们所负责的教区。出席省主教会议的人,都是一省的高级神职人员,来自省内各地。经常有一些教士被国王任命为大使。修道院的院长们得去检查自己所管理的那些修道院。每遇德高望重的宗教界人士亡故,修士们还要手持讣告,一所修道院一所修道院地去报丧。这还没把游方教士计算在内……
>
> 非神职人员,商人,经商就得不停地跑来跑去,要到市场上去兜售商品,要去设在各大商埠的分号了解情况,要见生产绵毛制品的厂家,还要回到自己

居住的城市行使政治职权。国王手下的人终日在路上奔波,进行调查、收税。戏班子里的人要一个城堡一个城堡地跑,去为贵族老爷们的盛会助兴。朝圣者的足迹不仅停留在西方的大道上,也遍布圣地。此外,每遇战争或瘟疫,还有些农民跑到城里去避难……

所以,中世纪的世界并非一个凝固不动的世界。①

这本书所指的中世纪,是指公元 395 年东西罗马分裂到公元 1500 年人文主义者参与文明生活知识复兴这段时间,也用以指称介于古代奴隶制与近代资本主义之间的时代。中世纪无疑是欧洲史中一个漫长而黑暗的历史时期,基督教文明的兴起与发展贯穿其间,因而我们看到上述一段文字的描写中,"宗教旅游"是其中很重头的一部分。而"宗教旅游",无论是在中世纪还是今天都是文化旅游的一个重要组成部分。

在这一时期,中国的旅行家也出现了很多,留下来不少文化行旅的记录。其中徐霞客的重要作用,以其《徐霞客游记》开篇之日(5 月 19 日)确定的"中国旅游日"即已表明。2011 年 3 月 30 日国务院常务会议通过决议,确定自 2011 年起每年 5 月 19 日为"中国旅游日"。

徐霞客(1587 年 1 月 5 日—1641 年 3 月 8 日),名弘祖,字振之,号霞客,为明朝南直隶江阴(今江苏江阴市)人,是中国历史上著名的地理学家、旅行家。他的著作《徐霞客游记》主要按日记述了他自 1613 年至 1639 年间旅行观察所得,对地理、水文、地质、植物以及沿途社会风貌、文化等现象,均做了详细记录。但以往对《徐霞客游记》的评价中主要谈及他以优美的文字描绘了中国大好河山的风景资源,忽略掉其中对穷山恶水刁民欺客的记载,似有不公允之嫌。因为他的这类记载,亦具相当高的文化价值。他的"滇游日记二"中就有这样的生动记载:"有舟在江东,频呼之,莫为出渡者。薄暮雨止,始有一人出曰:'江涨难渡,须多人操舟乃可。'不过乘急为索钱计耳。又久之,始以五人划舟来,复不近涯,以一人涉水而上,索钱盈壑,乃以舟受,已昏黑矣。雨复淋漓,截流东渡,登涯入旅店。

---

① 【法】让·韦尔东,《中世纪的旅行》,中国人民大学出版社,2007 年 1 月第 1 版第 9 页。

店主人他出,其妻黠而恶,见渡舟者乘急取盈,亦尤而效之,先索钱而后授餐,餐又恶而鲜少,且嫚亵轻慢余,盖与诸少狎而笑余之老也。此妇奸肠毒手,必是冯文所记地羊寨中一流人,幸余老,不为所中耳!江底寨乃倮倮;只此一家歇客,为汉人。其人皆不良,如倮倮之要渡,汉妇之索客,俱南中诸彝境所无者。"

此一时期,走出国门观察世界的中国旅游者亦有不少,比如耶律楚材随成吉思汗西征至中亚写下了《西游录》一书,记述了各地见闻。周致中以《异域志》,著录了210个国家和民族的地理、风俗、物产情况。周达观则是成就更为突出的一人。周达观为中国元代著名的旅行家,元贞元年(1295)奉命随元使赴真腊(今柬埔寨)访问,次年(1296)抵达,居住一年许,至大德元年(1297)返国。他依据所见所闻,写就《真腊风土记》一书。在这本只有8500字的著作中,他记录了真腊国的山川草木、城郭宫室、风俗信仰及工农业贸易等,是珍贵的柬埔寨历史文献,曾被翻译成法文、英文、日文等多国语言。《真腊风土记》作为周达观的个人文化旅游笔记存世已属难得,作为世界上唯一一件亲历者对曾经恢宏后经湮没再经发现的吴哥王朝的书证更显珍贵。书中对吴哥城留下了这样的记录:"东面有金桥一座,寝室又有金塔一座焉,所以舶商自来有'宝贵真腊'之褒也。"对真腊国王巡游斗象台也做了详尽描写:"军马拥其前,旗帜鼓乐蹱其后。宫女三五百,花布花髻,手执巨烛,虽白日亦点烛。"

(三)当代旅游者崇尚的文化旅游

20世纪初,法国地理学家、旅行家、作家若阿纳(Joanne)出版的《法国名胜古迹》一书,将诸多旅游文化知识融入其中,提醒旅游者在旅游的乐趣中要多了解与历史文化的关联。由于更多地注入了"文化旅游"的要素,契合了大众旅游刚刚兴起时旅游者对文化的渴求,法国的这类文化旅游书因而广受欢迎。

旅游者这种对文化的追求,随同旅游业的兴旺、社会的发展、人均可支配收入的增加一直保持了正向的增长。日本近年来入境旅游的飞速增长,为此提供了例证。

日本针对西方旅游者的一项入境游调查显示,东京、大阪、京都、奈良这些历史文化城市,仍是旅游者最想去的地方。西方旅游者对日本10大旅游景点的认知度排名分别为：富士山、冲绳、京都、镰仓、奈良、日光、奥入濑溪、伊势神宫、知床国家公园、姬路城。其中富士山的知名度高达 50%，镰仓的知名度亦有 42%。由此可见，文化积累深厚的旅游目的地，仍旧是今天的旅游者的首选。

我国自 1982 年 2 月起，为了保护那些曾经是古代政治、经济、文化中心或近代革命运动和重大历史事件发生地的重要城市及其文物古迹免受破坏，公布了第一批"历史文化名城"。截至 2018 年 5 月 2 日，国务院已将 134 座城市列为"历史文化名城"。从近年国内旅游统计来看，这些"历史文化名城"多数都已成为国内旅游的热点地区。"历史文化名城"受到追捧，自然表明了中国国内文化旅游的兴旺。

当代旅游者在选择文化旅游的同时，理性凸显，渐将人与自然的关系的思考、人类文化对自然界的责任放置其中，这在到访美国国家公园的旅游者人数迅速增长的现象中可见一斑。

国家公园制度始自美国。1872 年 3 月 1 日，美国国会通过了一项具有历史意义的法律《辟黄石河源头区域建立公园法》（*An act to set apart a certain tract of land lying near the headwaters of the Yellowstone River as a public park*，Approved March 1，1872），简称"黄石法"（Yellowstone Act）。该法宣布，为了人民的利益，将确定的区域划定为公众公园和休闲地，建立黄石国家公园。法律明确规定了黄石国家公园属于全体人民，"自此在美国法律下予以保存，并不得开垦、占据或买卖"。自此，人类历史上第一座国家公园正式建立。

图 3-1　美国黄石国家公园

国家公园并非我们通常看到的那种用于赏花观兽、荡舟休憩的城市市民公园或郊野公园。国家公园是由一种制度体系来支撑的。它是国家为了永续保护自然环境，按法定的程序和科学的标准，将完整的生态系统和地质遗迹划定范围，全面加以保护的大面积的自然区域。因为是依法定的程序和科学的标准划定范围，并且保护这些被划定的自然区域要全面到位，所以国家公园首先作为一种制度的存在就非常重要。人们对国家公园的探究、享用，均要在制度的框架内实现，依照制度规则实施管理、研究、游览等活动。由此不难看出，选择以国家公园为旅游目的地的旅游者，对国家公园制度的了解和遵循不可回避，主动择选国家公园作为旅行目的地的旅游者，学习、观察、受教育的文化旅游考量始为动因。

依照美国国家公园管理局记录，迄1904年至2018年，到访美国国家公园的旅游者已超过140亿次，这几乎达到了地球现存人口数量的两倍。近数十年，不仅美国本国旅游者，到访美国国家公园的外国旅游者亦增加迅猛。2018年的统计，共有3.18亿来自全球的旅游者访问了美国的国家公园。每年的4月20日起一周时间为美国的"国家公园周"，不仅天气适宜而且门票全免，历来为一年中国家公园旅游者人数最多的时段。每临这一时期，美国驻华使馆都会通过媒介，着重于制度本身来介绍国家公园，用以激发旅游者的思考。

在一次普通的旅游活动中注入更多的文化思考，是无论何种形式的旅游在今天都已经面临的事情，因而被旅游者称为"旅游圣经"的旅游指南品牌书"孤独星球"（Lonely Planet）在进入20世纪的新版本中，正文前都加入了"负责任的旅游"的内容。《西班牙》一册的"负责任旅游"这样告知旅游者："西班牙每年接待数百万的旅游者，这既是大自然的恩惠，同时也给自然资源带来巨大的负担。务必注意不要浪费水资源，在公园、海滩这些环境脆弱的地区行走要小心，不要乱扔垃圾；要多多关照当地产品，而不是蜂拥购买进口产品（从视频到时尚用品）。待在乡村旅馆可以为逐渐衰落的乡村社区提供一份收入来源。而在这些内陆地区旅游会比在标准旅游区收获更多惊喜，这样还可以缓解这个国家所承受的旅游压力。"《马尔代夫》一册的"负责任旅游"则告知旅游者："马尔代夫的度假村对客人的行为准则有明确规定。客人必须尊重环境（不破坏鱼类或珊瑚），必须尊重穆斯林的情感。裸体被严令禁止，女性不允许不穿上衣。在一些度假村，穿比基尼和短裤洗浴是可以接受的,但许多酒店希望你进酒吧、用餐区域或接待区时用布遮住下身。在马累及其他有人居住的岛上,旅行者应尽量不冒犯当地的习俗。男人不允许赤膊,女人则不准穿低胸上衣或紧身短背心,最好是穿长裤或长裙,遮住大腿的短裤也可以接受。"

"孤独星球"系列的每个国家的分册,都是对这个国家的历史、现状、文化、社会旅游者所应知晓的各个方面知识的不吝笔墨的介绍开始的。确切而言,其实就是将任一目的地,都从"文化旅游"的原点生发开来。至于找什么样的酒店旅馆、吃什么样的当地特色食品,那都是在搭起这样的一种"文化旅游"框架之后的细节实现。这样的效果在出版人莫琳·惠勒那里也得到了证实:"当然我们可以告诉旅行者哪里好玩,那是最容易的部分。我们当然可以给他们他们想要的,但我们真正想做的是带他们走得更远、更高、更深,走进他们自己,走进这个世界。我们不仅仅要给他们他们想要的,我们还想给他们他们真正需要的。这些他们需要的东西可以让他们的旅行经验如此难忘以致他们想要不停地旅行,不停地与这个世界产生联系。他们将带回家一些东西,而这些东西将会改变他们的一生。"

最新的"孤独星球"在传播的文化观念中又自觉加入了"环保"的概念。他们已经知会读者,所有纸质产品都将全部采用经过FSC认证的环保纸张。

(四)中国社会发展阶段的文化旅游

文化旅游在中国社会的发展问题,与政府管理部门的责任分属问题有直接关联。

作为两类不同事务,"文化"与"旅游"的管理在很长一个阶段分属中国不同的政府管理部门。"文化"事务的主管部门为"文化部","旅游"事务的主管部门为"国家旅游局"。转变始自2018年春。在2018年3月召开的第十三届全国人民代表大会上,文化部、国家旅游局的名称建制被取消,合并组建成一个名为"中华人民共和国文化和旅游部"的全新政府部门。

"中华人民共和国文化和旅游部"是根据中国共产党十九届三中全会审议通过的《中共中央关于深化党和国家机构改革的决定》《深化党和国家机构改革方案》和第十三届全国人民代表大会第一次会议批准的《国务院机构改革方案》而设立。

2018年3月13日，国务委员王勇在第十三届全国人民代表大会第一次会议上所做报告《关于国务院机构改革方案的说明》，对此进行了特别说明：

> 组建文化和旅游部。为增强和彰显文化自信，统筹文化事业、文化产业发展和旅游资源开发，提高国家文化软实力和中华文化影响力，推动文化事业、文化产业和旅游业融合发展，方案提出，将文化部、国家旅游局的职责整合，组建文化和旅游部，作为国务院组成部门。其主要职责是，贯彻落实党的宣传文化工作方针政策，研究拟订文化和旅游工作政策措施，统筹规划文化事业、文化产业、旅游业发展，深入实施文化惠民工程，组织实施文化资源普查、挖掘和保护工作，维护各类文化市场包括旅游市场秩序，加强对外文化交流，推动中华文化走出去等。
>
> 不再保留文化部、国家旅游局。[①]

"文化和旅游部"的成立，自然让"文化"与"旅游"的融合与发展具有了更加广阔的发展空间。广受旅游者关注、追捧的"文化旅游"，更有了大踏步前进的可能性。

以往许多年政府部门组织的"文化旅游"活动，已有很多并未间断。原主管文化的政府管理部门近年来曾举办的一些活动，如2003年至2005年的"中法文化年"、2006年举办的"意大利年"、2007年举办的"西班牙年"、2008年举办的"希腊文化年"以及2009年在比利时举办的"欧罗巴利亚中国艺术节"等一系列大型文化交流活动之类，促成大量的文化界人士、演艺圈人士以及普通旅游者的往来，从旅游概念的大框架来看，这些往来无疑均应算在"文化旅游"的范畴当中。

主管旅游的政府管理部门近年来主办的各类"旅游年"，许多从内涵来看，亦更像是"文化旅游"的最直接表达。这类从字面即与"文化旅游"语义相连的"旅游年"包括："2015中国–韩国旅游年""2016中国–美国旅游年""2017中国–丹麦旅游年""2018中国–加拿大旅游年""2019中国–老挝旅游年""2020中国–

---

① http://www.xinhuanet.com/politics/2018lh/2018-03/14/c_1122533011.htm.

文莱旅游年"等。

一直以来"文化旅游"也都是中国各级各地政府乐于主办、参与的一项活动。检索近年来中国各地由政府牵头举办的各种节庆活动，以文化为主题的占了绝大多数。"文化搭台，旅游唱戏"，一度成为报刊媒体对地方各型各类节庆活动报道的惯用语、常用语。

"推动文化事业、文化产业和旅游业融合发展"，国务院机构改革中对"文化和旅游部"的这一期待，应包含了国家层面对文化旅游发展的利好期待。

二、文化旅游是人类旅游活动中最亮眼的部分

一直以来文化旅游都是人类旅游活动中最亮眼的部分，查尔斯·R.格德纳所著《旅游学》（Tourism）一书，故而干脆将其第十章的标题直接列定为"添彩人生的文化旅游和国际旅游"，并且指出："旅游活动的最高目的在于更好地熟悉异国他乡的人民，因为这会增加彼此之间的了解和信任，从而让世界更美好。"[1]

文化旅游中的各类节庆活动，在此方面表征或更加突出。

节庆活动往往因声势浩大，会引来众多的参加者、观看者。西班牙的斗牛节、日本的盂兰盆节、中国的元宵节等，都是在某一个区域、某一个时段发生的最重要的事件，因亮眼而吸睛，因众议而趋往。各类民间的节庆活动比政府、企业主办的节庆活动每每具更强的影响力、生命力。对这类节庆活动的民间评判，往往也极为简单，只用"热闹"俩字便可概括。"热闹"则表示受欢迎与成功。对这类节庆活动的一个人类学分析，来自法国的著名汉学家葛兰言（Marcel Granet）："中国古代节庆是盛大的集会，它们标志着社会生活的季节节奏、步调。它们是与短暂时期相对应的，在这些时期内，人们聚集到一起，社会生活也变得非常热烈。这些短暂时期与漫长时期相互交替，在这些漫长时期中人们分散生活，社会生活也处于停滞状态。"[2] 回到旅游学的范畴来看，依据世界旅游组织的标准分类，这些参加节庆活动之人，多数虽只是近地的本区域居民，但亦不影响被旅游统计计入"不过夜旅游

---

[1] 查尔斯·R.格德纳，《旅游学》，中国人民大学出版社，2008年5月第1版第244页。
[2] 【法】葛兰言，《古代中国的节庆和歌谣》，广西师范大学出版社，2005年11月第1版第195页。

者"(Excursionists)的范畴,属"文化旅游"的波及、参与人群并无异议。

图 3-2 河北蔚县剪纸艺术节

(一)马丘比丘文化旅游的发展

联合国教科文组织对 1983 年进入《世界遗产名录》的秘鲁的马丘比丘做有这样的评介:"马丘比丘古庙位于一座非常美丽的高山上,海拔 2430 米,为热带丛林所包围。该庙可能是印加帝国全盛时期最辉煌的城市建筑,那巨大的城墙、台阶、扶手都好像是在悬崖峭壁自然形成的一样。古庙矗立在安第斯山脉东边的斜坡上,环绕着亚马孙河上游的盆地,那里的动植物非常丰富。"

"失落的印加城市"马丘比丘从被宾汉姆发现到受到全球的关注,文化旅游的发展路径很值得探究。

马丘比丘(Machu Picchu)能为世人晓知,美国人的贡献当数第一。没有耶鲁大学教授希拉姆·宾汉姆(Hiram Bingham)一百多年前的发现,没有 1912 年四月号美国国家地理杂志(National Geographic)的马丘比丘专刊推介,马丘比丘至今仍锁在深闺人未知也未可知。

若数运用现代技术手段对马丘比丘进行大范围的推广之人,西班牙人怕算不上,虽然西班牙人曾长期殖民于此地;秘鲁土著人当然也不能领此殊荣,因为秘鲁国家经济始终算不上发达,影响力难免有限。运用现代技术手段对马丘比丘进行大范围的推广因而使得马丘比丘声名远扬的功劳,实则应该算在日本人头上。正是日本为 UNESCO 两次拍摄的马丘比丘的电视片，对马丘比丘作为世界遗产也作为旅游景点的缜密阐释，助成了马丘比丘近年间不断增长成为年接待 300 万来自世界各地旅游者的著名旅游目的地。

马丘比丘之艰难旅程，个中况味体会最深的当然还属其发现者宾汉姆。宾汉姆第一次发现马丘比丘时，马丘比丘已经在藤蔓草木间埋藏了数百年。一个当地人为了赚取一点收入，把马丘比丘的信息告诉了他。在这个当地人的带领下，宾汉姆徒手攀登，费时数小时，才抵达了山顶。其后不久，宾汉姆第二次去马丘比丘，对旅程之艰难亦有深刻体验。

1912 年 4 月，宾汉姆率领着一支认真挑选组织的考古队开始了他的最重要的马丘比丘之旅。每位考古队员的考察费用 1900 美金来自多方拼凑，身着的户外装也来自商家的慷慨捐赠，甚至拍照用的照相机，也直接由大名鼎鼎的柯达公司给予赞助。从纽约乘船出发的非同凡响、将要引爆世界关注的这次旅行，仅路程就耗去了整整两个月。

今天乘坐"宾汉姆号"火车的旅游者，经过往返 6 个多小时的车程，对去往马丘比丘沿途道路与马丘比丘山势的体验观察，仍会对一百多年前的考古考察者、马丘比丘的发现者宾汉姆一行人的艰难旅程有所感同身受。

这样的一种切身感受，正是马丘比丘的文化旅游发展的特点之一，即不以旅游者的便捷为首要考量，而以保护文明古迹及周边环境为要义。

马丘比丘虽早已是成熟旅游景点，但今天的游人要到访这里也仍会感到旅程的艰难。马丘比丘的艰难旅程并不仅仅局限在长途旅程的舟车劳顿，甚至在进入检票口之后遭遇的那些崎岖不平的坑洼台阶山路，也仍然会让游人留下切实的体验。

与每年到访长城的约 200 多万外国旅游者相比，马丘比丘近年来外国旅游者连续递增达到年近 300 万。与长城感觉不同的是，长城上的外国旅游者常常会让铺天盖地的中国国内旅游者淹没变成了零星，而马丘比丘因为秘鲁本国旅游者人数稀少（虽然门票价格只有外国旅游者的一半），在马丘比丘景区内，听到的尽是世界各种不同语言，见到的尽是来自世界各地的人群。

这些慕名从世界各地而来的旅游者，多数先是由世界各地飞到利马，然后再由利马飞到库斯科歇息，为来日凌晨出发去马丘比丘进行铺垫。也有当日从库斯科乘4小时汽车先行抵达马丘比丘山脚温泉小镇的旅游者，为第二天披星戴月上山而先行一步。总之，为看马丘比丘，这样的旅途劳顿无论怎样也逃不脱。

从库斯科出发抵达马丘比丘，比汽车更舒服一点的方式也是旅游者比较推崇的方式是乘坐旅游火车。山区的窄轨火车虽有车窗外美丽的安第斯山脉景色可以欣赏，但车速却极慢，110公里的路途，竟要花上3个多小时。再算上返程，去一趟马丘比丘，仅乘坐火车，就需要花上6个多小时。马丘比丘旅程的艰难由此可见一斑。

火车抵达马丘比丘的山脚，并不意味着艰难旅程告一段落。对于普通旅游者来说，不要指望能用双脚走到山顶，耗掉一两个小时时间和体力登山，毕竟是得不偿失的一件事。因而几乎所有旅游者的不二选择，就是乘坐那里专为旅游者所设的价格不菲的小巴。乘坐小巴从山底到山顶，大约车行20分钟到半小时。陡峭的山路尘土飞扬，时不常还要为对面下山的小巴让路，当东摇西晃的小巴在"之"字形山路上打了十三四个弯之后，马丘比丘的景区大门才会出现在人们的面前。当然，在马丘比丘真实完整的景象呈现在人们眼前的时候，旅游者的一路艰辛劳顿，自会一扫而空。

刻意让旅游者体验马丘比丘攀登之艰辛，也可以说是马丘比丘的文化旅游发展的另一特点。

往返6小时火车再转乘汽车才能与马丘比丘谋面的普通旅行者自然是辛苦，但若是与那些徒步旅行者相比，那些以马丘比丘为终点的印加古道（Inca Trail）的徒步（Trek）旅行者相比，又可以说有些轻松了。

以马丘比丘为终点的徒步旅行，属马丘比丘旅游的热门旅游线路，受到全世界诸多旅行者的青睐。每天约500人的名额，常常是供不应求。这样的一条徒步旅游线路，大约要耗时4天3夜。虽然旅行社会派出专业导游，但对旅行者个人来说亦有一些要求。首先金钱也是必需的。旅行社派出的导游和辅助人员，要将食品、饮水、锅灶、帐篷等物品随团全部背到山上，休息时安营扎寨、埋锅烧水做饭，费用自是不菲。这样的徒步旅行费用大约要在165美金到200美金之间。其次旅行者的体力也是必需的。如果平时没有适应性训练而匆匆参加这样的徒步，累不可支或会是必然。曾见中国旅行者穷游笔记说，在走了3天、露宿3夜之后身体异常疲劳，到了马丘比丘，对心仪已久的马丘比丘已经是完全提不起兴致了。

比随团徒步到马丘比丘更加艰难的旅行也还是有的，那就是自寻艰难、身负巨大行囊踽踽一人登山的个人旅游者。在印加铁道旁，陡峭的山路上，这样的独行客间或可见。这些人一定会更加深刻地体验到了马丘比丘的文化旅游之艰难。

图3-3　探访马丘比丘的旅游者

（二）尼泊尔的文化旅游亮色

数年前北京的一家旅游杂志招聘摄影记者，结果100多名应聘者拿着尼泊尔摄影作品的竟占了九成。个中原因，就在于作为旅游目的地的神奇国度尼泊尔，文化旅游的亮色太过突出。

粗略分析，尼泊尔的文化旅游亮色至少有四：

一是保存良好的浓重文化氛围。

加德满都氤氲的谷地能够将人们带回到两千多年前，三个相邻的古都城市加德满都（Kathmandu）、帕坦（Patan）、巴克坦普（Bhaktapur）凝住了时空。古老中国的几位贤德的老人都曾来过这里，并雁过留名一样在佛陀的光环辉映下的历史上留下了痕迹。尼泊尔的用手工制作的草纸上面，留下了这样的记载：相传最早时的加德满都地区，处于一片汪洋，是千里迢迢从中国北部五台上风尘仆仆走来的文殊菩萨，抽刀断河，才使得加德满都浮水而出，成了宗教朝圣者的天堂。那个在神话小说《西游记》中唐僧师徒经历了九九八十一难才到达的西天乐土，终点就是今天的尼泊尔。

加德满都谷地仅20平方公里的土地上，有一项七组名为"加德满都谷地"（Kathmandu Valley）的世界遗产。联合国教科文组织的评介是："加德满都谷地文化遗产有七组历史遗址和建筑群，全面反映了加德满都谷地闻名于世的历史和艺术成就。七组历史遗址包括加德满都、帕坦和巴德冈王宫广场、斯瓦亚姆布与博德纳特佛教圣庙和伯舒伯蒂与钱古·纳拉扬印度神庙。"列在这项世界遗产的加德满都谷地的三个城市的皇宫广场，各有不同的特色，分别游来并不会让人感到乏味。古都像活在20世纪一样令人称奇。三大皇宫广场上，久远年代保留下来的或辉煌或残破的建筑依旧，人们的穿着服饰与古都风貌尽相匹配也几无变化。甚至老少人群从清晨到夜幕降临一直在广场上闲坐的习俗，看来也应该是上上辈尼泊尔人留下来的传统。精美的木雕像刻画的印度教的神灵湿婆神和他美丽的妻子，从加德满都皇宫广场的一座楼房的窗户里弹出身来，充满微笑地观看着几百年来几无变化的街景。如果要在凝固的历史风貌中发现变化，那大概就是那些从世界各地云集而来的外国旅游者。他们以惊羡的眼神到处拍照、满街乱走，给古老的城市带来了一种时代的隔膜。

库玛丽庙是不可不看之处，虽然多数情况下是见不到这位小女神的身影的。库玛丽是尼泊尔特有的活女神。一个三四岁的女童，层层遴选，经过32道关口的考验，其中甚至包括成人扮鬼的恫吓，就可以获得女神的名分，完成了人到神的转变。民众朝拜，国王也向她行跪。直到有一天，小女童生理变化变成了女人，她的女神的使命就此结束。新的女神则会如此循环再生。

尼泊尔的文化旅游另一亮色是拥有独此一家、非我莫属的旅游形式。

到加德满都，旅游者不可或缺的一个游览项目叫"Mountain Flight"（山岳飞行）。乘坐一架只能装载十几个人的小飞机，飞至高空，与珠峰比肩对看。这样的飞行体验，自然是非尼泊尔莫属。飞行中空中小姐会将雪山地图帮客人别在前排靠椅背上，当飞机飞到与雪山同一高度时，十数座雪山依次从地图上转到窗畔出现：7234米的蓝塘里壤峰、6966米的多杰拉帕峰，还有8027米的希夏邦玛，那是中国人首次登顶的山峰。在旅游者兴奋的期待中，世界最高峰珠穆朗玛（Everrest）

终于贴近了。它那呈正三角形的山体、白色的积雪和黑色的山岩,呈现出神山的本质,会把人们的心绪激荡到最高点。一小时的飞行100美金的费用,价格不菲但却是真正物有所值。难怪宣传广告上把它称为是"The Best Mountain Flight of the World"(全世界最好的山岳飞行)。

与观山相关,尼泊尔的文化旅游再一亮色当然就是登山。

休闲、丛林探险。从欣赏自然到征服自然,人类所能想到的与大自然之间的所有游戏,在尼泊尔几乎都能找到。有人说,最勇敢的人类行为莫过于登山。克服难以忍受的疲劳、极度的缺氧、雪崩、冰裂缝等,人类的意志与大自然始终在进行着顽强的角逐。胜利者寡而参与者众。而登山对于尼泊尔国家来说,简直就是上天赐予的好条件。看看尼泊尔旅游局提供的小册子,人们就会发现说它是登山者的天堂一点也不为过。超过8000米的高山,这里就有8座。如果把5000米以上的高山算在内的话,那它能数出36座!

有全球的登山者纷至沓来则有登山文化在这里生长。

加德满都有一处名叫"RUM DOODLE BAR"的酒吧,一个两层堂加上一个小院,酒吧虽小但名气却可以大到登上欧美旅游者所持的任何一本自助游手册。这里早已是登山者的大本营,酒吧内几乎所有的墙壁上、梁柱上,到处都张贴及悬挂着登山者在剪成大脚丫形状的纸板上的留言。在这些留言里,你能看到许多登山者出发前留下的铿锵誓言,也能分享到胜利归来者的舒心欢乐。而把名字留在这里,却历尽艰难终于未能回归的那些人的留言,则会使人们平添一份对于登山英雄的敬佩。

尼泊尔的文化旅游第四个亮色,是立体的自然景观与大自然的丰富多彩。

尼泊尔国家从海拔60米到8844米,压缩到狭长的150公里的范围内,独特的地域环境造就了其独特的立体的自然景观。它的国土面积虽仅占地球的0.1%,却拥有世界上2%的开花植物、世界上8%的鸟类种群、地球上4%的哺乳动物、世界上15个蝴蝶种类中的12个种类(超过500种)、600个当地特有的植物科属以及319种奇异的兰花。因为这一切,才使得这个国家会拥有"Great Little Country"的绝妙称谓。

能够观看这样的奇妙景观的地点是尼泊尔最美丽的城市博卡拉(Pokhara)。站立在博卡拉城市的一角，目光由地表开始上移，首先可以看到的是一幅最好的水彩画家笔下的田园牧歌：一群群白色、黑色的牛羊在开着野花的绿莹莹的草地上吃草。继而，会看到清澈的溪流在峡谷中穿行、低矮的灌木排列在山体周围。再往上看，树形高大的绿色乔木出现了。眼光继续再向高处抬起的时候，白皑皑的连绵雪山、蔚蓝色的天空就完整地呈现在眼前。博卡拉是世界上最接近雪山的一个城市，近乎垂直的亚热带、温带、寒带的地貌特征、植物种群，竟然可以梦幻般同时呈现在一个画面里，让人过目难忘。

图 3-4　尼泊尔的文化旅游亮色

（三）以文化旅游为基调的非洲旅游

提及非洲旅游，人们往往能最先联想到的或会是"非洲五霸"（Big Five Game）：非洲狮、非洲象、黑犀牛、非洲豹和非洲水牛，以为这才是非洲的卖点。但对于以文化旅游为基点的非洲旅游来说，这样的简单思维是完全不够的，甚至是有些偏离了。所谓文化，主角应该是人，自然则应是作为背景，以人的生存环境面貌出现的。在"人与自然"的立意下出现的自然，才是符合人类共有的价值判断的。电影、电视对非洲动物的跟拍展示，其实都不能完全算得上纯粹的自然，人的观念主导，本是隐于其后的力量。

非洲文化有其特有的魅力，这是毋庸置疑的。非洲的诸多元素，比如人的善良淳朴、奇绝的自然美景、特殊的原生态文化、人与自然的融合等，几乎都是今天的人类苦苦追索、梦想得到的。即使再过50年，非洲依然会以它的特殊性对全世界的旅游者抛出媚眼，吸引来有理想、有追求的旅游者光顾。从西方国家的旅游实践来看，非洲旅游通常是旅游发展成熟时期的产物，一旦兴起，就以较高层级的"可持续性"不断推进。因而20世纪80年代美国拍摄的一部电影《走出非洲》，至今仍会吸引众多美国旅游者络绎不绝地走进非洲大陆。

对于希冀以非洲文化旅游吸引旅游者的旅游经营者来说，在中国出境旅游逐步走向成熟的今天需要看到，现实期人们对非洲旅游的关注，并非会完全等同于以往，高品质的非洲游才最有可能在市场中立得住脚。今天的旅游者对"文明旅游""负责任的旅游"诸项原则也十分看重，能否在非洲游新产品中得以体现，也包含在旅游者的诚心期待当中。因而，旅游经营者在进行非洲旅游的拓展时，理应顾及现实的因素，保持冷静的思考，尽量避免急功近利、莽撞行事。

南非作家迪·里希克（Dee Rissick）曾这样介绍新南非："当我走出约翰内斯堡国际机场时……我注意到那么多人在微笑，每个人看上去都那么热情、友好；我注意到那些普普通通的行人个个讨人喜欢、乐于助人；他们互相致意，也同我打招呼，尽管我们互不相识，今后也很难再次见面。我注意到灿烂的阳光和格外湛蓝的天空，我还注意到了南非的年青一代，他们的穿着、他们的态度、他们眼中的希望，还有他们的ipod，一切都流露出充沛的活力。"[1]

占全球总陆地面积的20.4%的非洲，拥有约60个国家和地区。避开战乱的国家，适合旅游者探寻的地方也有不少。但目前的境况是，我国旅游市场中在销的非洲游线路产品无论是数量还是质量都很难令人满意。一些制作粗糙、有明显瑕疵的非洲文化游线路产品，经年不变地摆在旅行社的台面上。单从目的地构成来看，也同样难如人意：除了埃及、南非、肯尼亚线路稍多一些，摩洛哥、毛里求斯的线路间或有之，其他非洲国家目的地产品在市场中都属罕见。

旅游经营者对非洲认识的闪失和缺憾，需要在中国国内非洲热兴起的时候及时

---

[1] 【南非】迪·里希克，《文化震撼之旅——南非》，旅游教育出版社，2009年1月第1版第3页。

进行修补，唯此才能适应现实，接近成功。与其他行业相比，旅游业界的人更应该多向社会中有丰富实践经验的人学习。记得一家电视台曾经播出过北京的一位女士自叙在塞拉利昂的旅游经历，真可以说让观众大开眼界。若缺少相应的知识就想生产出优质的非洲文化旅游线路产品，无论如何都只会让人心存疑虑。

第四章
文化旅游的旅游者心结及卖点

旅游者心结属旅游者私底的内心活动,文化旅游的卖点则是旅游经营者、推广者的公开的产品行销内容。

文化旅游的旅游者心结与旅游经营者的卖点很多时候是重合的。凡呈重合状态时,表明旅游者的心愿已被旅游经营者知晓,而旅游经营者有意愿去对旅游者的心愿进行满足。当然不重合的状态也是很多的。凡此种时候,旅游者与旅游经营者各行其是,也就意味着旅游经营者是赚不到或很少能赚到旅游者的钱的。每当后一种情形出现,就说明文化创意应该适时登场了。

美国新奥尔良旅游局编写的旅游小册子将"Poor Boy"(Po Boy)列为当地名吃第一名,就颇有些迎合旅游者、制造卖点的意思。

"Poor Boy"(可怜男孩)是当地有名的一种三明治,它的名字对旅游者来说颇有点稀奇古怪,在吃到这种美食之前,不能不产生先去搞清楚它的兴致。如果按照中国常见的景点包装馅料"从前有一个美丽的村姑,被地主看上"去臆想"可怜男孩"断然会出错的,它的实际由来竟是三明治店老板与罢工工人的联系。为支持电车工人罢工,一家三明治店老板决定免费送罢工工人三明治。每有一个罢工者进店,老板就会说一句"Poor Boy"。其后"Poor Boy"逐渐变成了这种特有的三明治的名字。

这种"Poor Boy"三明治果然不负众望,真材实料,香气诱人。虽然街头卖"穷孩子"的店面不少,甚至还有在旅游点附近停靠的专售"Poor Boy"的快餐车,但专营老店的气派,却更引人入胜。一家圣查尔斯线街车(Streetcar)经过的老店,营业时间是上午 11 点到下午 3 点。过时只有闭门羹可以吃。并非进店一手交钱一手交货,而是交钱、坐等,10 分钟后,新鲜制作的"Poor Boy"才能递到你手上。热腾腾,香辣辣,怕是无人不会叫好。

图 4–1 美国新奥尔良快餐车上的"Po Boy"广告

一、常常作为旅游者心结的文化旅游

法国的研究者罗歇·苏(RogerSue)认为,休闲首先是个人的一种"心理态度":"任何活动,只要是自由选择,并为个人在这一过程中能谋得自由这样一种感受的,都属于休闲范围。"① 他把"心理态度"一词特别用着重号标注出来,强调了这一词语的重要。可惜的是,他的提醒并没有被我们很好地理解。

究竟是怎样的一些元素能够成为人们出游的诱因,是十分需要我们认真来思索一番的问题。人们在对旅游元素的认知当中,是否太过注重那些物象化的吸引物,例如旅游景点景区、自然风光,而对诱发旅游的间接因素、隐性因素过于忽略了呢?

这样的疑问提出显然不是出自书斋的奇想漫议,随便翻看一下报纸上的旅游广告,我们就不难采撷到支撑的理据。在现今众多的旅游经营者的线路产品当中,以著名的旅游景点景区为吸引物并为主构架的产品可以说层出不穷。而如果我们想要

---

① 【法】罗歇·苏,《休闲》(*LE LOISIR*),商务印书馆,1996 年 8 月第 1 版第 3 页。

找一条以人文思想、时政新闻、爱好趣味等作为吸引物的线路产品，定是一件较为艰难的事情。

许多人在进行文化旅游考量的时候，通常所想的都会是"那里有什么好玩的"这样的问题。这样的想法自然是正确的，因为在常规形态的旅游当中，旅游景点无疑是吸引旅游者的最主要元素。亘古至今，埃及最吸引人们光临的，就是金字塔；外国人到中国来，一定会去看故宫、长城。但是要知道，并非只有这类著名的物象景点，才是旅游者心结所在。社会层出不穷的新奇事物、人们缤纷多彩的情趣爱好，都可能会是人们的出游动因。比如说，去访埃及，了解埃及的现代艺术或文化教育，对某些人来说也许比观看古老的金字塔更重要；到德国看激情世界杯的人，会觉得感受赛场氛围、与全世界的球迷交流会比游览德国的城市广场、古老教堂更开心。

文艺作品调动的情感变化或社会时尚牵引的美好憧憬，其实也都可以是旅游者的心结萌生之处。如何去发现旅游者的心结，并求得深入其中取得"心动"与"行动"的微妙调和，其实是对拟以"文化旅游"命笔的人们的一种智力挑战。譬如说，诺贝尔文学奖获奖者土耳其的杰出作家奥尔罕·帕慕克（Orhan Pamuk）的小说《我的名字叫红》十分优秀、十分耐读，读过这部小说的人，勾起万般思绪，很想要了解土耳其更多的事情，很想去土耳其看看书中所描绘的社会环境。但这样的心结，通常是不会被注意到的。法国雕塑家罗丹所说"对于我们的眼睛不是缺少美，而是缺少发现"，其实并不仅仅是针对艺术家而言，对于各行各业的人也同样适用。

（一）文化旅游与旅游者的美梦成真

数年前，"一生中必须到访的 55 个旅游目的地""人生必须到访的 33 个旅游目的地"之类的评选及公布曾热闹一时。抛开功利的考量，这也可以说是一项为旅游者"系心结"、一项为旅游者造梦的工程，一次性为人们造出了几十个文化旅游之梦。现实中或许不会真有人完全依照这样的"55 个"或"33 个"梦为目标去一一实现，但选定其中的一部分，慢慢用一生的时间去完成，则可能性极大。

美梦对于任何人来说都是需要的。而造梦、为旅游者"系心结"的工程，自然并不止于这样的一次评选。著名旅游杂志 Traveler（旅行家）最新宣布的 2019 年的"旅行家目的地选择大奖：2019 热门旅游目的地"（Travelers' Choice Awards: The Top Destinations for 2019），来自全球的旅游者超 10 万张选票得出的结果是：

- Culture Capital：Dubrovnik（文化之都：杜布罗夫尼克）
- Wellness Destination：Bali（健康目的地：巴厘岛）
- U.S. Road Trip：California's Pacific Coast Highway（美国公路之旅：加州太平洋沿岸公路）
- UNESCO Site：Machu Picchu（世界遗产地：马丘比丘）
- Caribbean Island：Cuba（加勒比岛：古巴）
- Wine Region：Bordeaux，France（葡萄酒产区：法国波尔多）
- U.S. City：Charleston（美国城市：查尔斯顿）
- Beach Destination：Maui（海滩目的地：茂宜岛）
- European City：Budapest（欧洲城市：布达佩斯）
- Ski Destination：Banff，Canada（滑雪目的地：加拿大班夫）
- Family Destination：Costa Rica（家庭旅游目的地：哥斯达黎加）
- Water Sports Destination：Fiji（水上运动目的地：斐济）
- Food Destination：New Orleans（美食目的地：新奥尔良）
- Adventure Destination：Australia（探险目的地：澳大利亚）
- Asian City：Tokyo（亚洲城市：东京）

无疑，这些获奖的旅游目的地自然又像丝带一样，在诸多旅游者那里造了一个梦、系上了一个心结。好的旅游杂志为旅游者造梦、系心结本是本职工作，因而在 Traveler 那里，文章的标题每每会这样设定："12 Most Fascinating Cities for Budget-Minded Travelers"（12 个最吸引人的城市，为精打细算的旅游者打造）；"The World's Happiest Country Is All About Reading, Coffee, and Saunas"（世界上最幸福的国家皆与阅读、咖啡和桑拿关联）；"Finland Wants to Send You on a Free Summer Vacation With a Local Guide"（芬兰想要送你一个拥有当地导游的免费暑假);"5 Charming Lighthouses That You Can Actually Sleep In"(你其实可以睡在这五座灯塔)。

对于心存旅游梦想的人来说,一旦心结结成,他日要做的,自然就是解开心结。这样的一种因果原理,法国的让-皮埃尔·里乌亦有过清晰的表达:"对异国他乡的发现也引起了'波动'。小说读物或者大众科学、'生动而别有风趣的旅行'、供青年阅读的冒险故事、大型报刊刊登的本地或异国他乡的社会新闻、丰富多彩的图像、人们新近讲述的前所未有的展览会和娱乐消遣活动,所有这一切传播媒介和四海旅游的故事,都刺激人们前往其他地方、真正出发远行的心愿。"①

文化造就的心结,化解的方式自然就是文化旅游。于是便有旅游者哼着《卡萨布兰卡》的曲子到卡萨布兰科的酒吧喝一杯咖啡,回想着奥黛丽·赫本的表演来到罗马的西班牙台阶,抑或将电影《望乡》中提及的沙巴的山打根、九州的天草等地方一一走遍。心结获解,畅快释然;美梦成真,顿感快慰。

图4-2 与日本电影《望乡》相关的沙巴山打根遗产旅游

(二)文化旅游与私人定制旅游

因每人的兴趣爱好、情感淤积的不同,化解旅游者心结的文化旅游很多是要以私人定制旅游的形式完成的。

---

① [法]让-皮埃尔·里乌等主编,《法国文化史》,华东师范大学出版社,2006年7月第1版第89页。

私人定制旅游的问题实质在于要搞清旅游者出于何种动机会选择私人定制。

毫无疑问，人类的旅游行为都是从私人的、个体的旅游起始的。随心所欲，无所羁绊，正是几千年来人类旅行的原始动因。将其化作团队的出行形式，距今也只有100多年，那是现代旅行社的兴起才完成的一项改造。但是，寻求一种自由自在的恣意旅游的形式，仍是人类的生性使然。而这一点，可以说已经为出现在今天的商业视角下的"私人旅游"的发展奠定了基础；由于旅行社所构造的团体旅游主要着眼点是商业化的操作便利，天然地会对旅游者提出削足适履样的限制要求，因而也一定会让旅游者因失去不少旅游乐趣而感到不满足。团队旅游与人类天性不羁产生的龃龉，也使得后工业化时代的"私人定制旅游"有了延展的可能。

国内的"私人定制旅游"的起步，显然不光是有商业头脑，而且也包含有这样的人类学算计——合情合理，担保了它虽另类但却存有不凡生命力。

当然，"私人定制旅游"仅仅停留在这样的认识上还是远远不够的。今天时代里的人们寻求的私人旅游，与以往时代的私人旅游笃定不同。因而，有意识、有需求、有市场仅仅是问题的一个方面。从最简单的一个认识来看，乐于享受这样的一种服务的人，并不仅仅是会在经济上比大众旅游者宽裕的人，在旅游目的地的选择、服务品质、爱好兴致等方面，他们也都会有所区别。我们不妨举一个简单的例子说明之：泰国曼谷附近有两个海滨度假地，芭堤雅因是大众化的，旅游团因此热衷将此列入旅游线路当中；而距此不远的华欣，则因泰国皇家常年在此休假的缘故，当然就更容易被那些乐意定制私人旅游的人们接受。

西方国家的"私人定制旅游"与旅行社团队游始终是并行不悖、各自平稳运行。国内私人定制旅游倡导者所谓"私人定制作为一种时尚的个性化的消费方式正在世界流行"的说法，其实我们只可以视其为一句玄妙的广告语，因为它与现实状况之间还有相当大的差距。西方的不少旅行社在拓展团队旅游的同时，事实上也从没停过对"私人定制旅游"潜力的挖掘。为此所下的功夫、积攒的经验，常常使得这些旅行社完全能够拢住诸多热衷"私人定制旅行"的高端客户。譬如说，老牌的美国运通公司，就曾做过世界首富比尔·盖茨的中国三峡私人定制旅游的生意。

今天我们的一些旅游机构要想在"私人旅行"上面发展，除了要有经济上的实力之外，信誉建设则显得更其重要。诸多最基础的商业规则，都不应被我们忽略。比如为客户保密的要求，看似极为简单，但对参加"私人定制旅游"的人来说，却极可能是一个至关重要的问题。可以列出的一个实例仍旧来自比尔·盖茨：比尔·盖茨到三峡度假前美国运通公司对中国的接待旅行社提出的一个极为严格的要求，就是一定要做到对比尔·盖茨的行程进行严格保密。而比尔·盖茨后来对整个旅游行程满心欢喜也正与此有关：旅行社很好地遵循了承诺，对比尔·盖茨的旅游行程点滴未漏。当比尔·盖茨在中国三峡秘密休假一周后精神抖擞出现在北京中国大饭店的会议上谈及刚刚的三峡之旅时，IT行业的记者们不少为此大跌眼镜。

从国内"私人定制旅行"的倡导者言论来看，在如何撬动这块市场的问题上，认识似乎还是简单了些。究竟是做客户的旅游经纪人还是旅游计划实施的操盘手，从报道中看去也似乎让人会有些懵懵懂懂。至于其操作计划中关于要为私人旅游者用户在会员中选择旅伴、揪堆儿出发的想法，表达出来的更是非驴非马的一厢情愿。要知道以奢华、享受为诱导的"私人定制旅行"，是把"与大众不同"作为一种炫耀展示出来的。怎可能如其所说，让其他收入差异不大的中产阶层的人也能够一起拼团分享。当财富歧视与卑微心理混杂在一起的时候，可以想见，那样的一个旅游团当中的哪一类人，心情都难以舒畅。

从目前来看，国内刚刚起步的"私人定制旅游"似乎更多地还是停留在概念上面。无论是其推荐给客人的"10天俄罗斯深度文化旅游"还是"探秘玛雅文化"，都还保留有太多的团队旅游痕迹，与人们印象中的"私人""定制"这些概念的语义范畴还有明显距离。

这便又牵涉到对私人旅游定制的把握问题。私人定制旅游的概念，其实并非完全可以肆意解析。参考世界上发达国家旅行业者开发出来的现成的高端旅游产品，才是既稳又准的捷径。一般说来，非大众化的、富有情调的地点及形式才是私人旅游的钟爱；并非一定是探险，也并非一定是新奇，传统的有品位的休闲地点及方式，或许才更加符合那些能够享受得起私人旅游的人们的口味。例如，圣雄甘地也曾经体验过的南非的豪华列车旅行，好莱坞明星喜欢的加勒比的某私家海岛。通常来看，需要大量历史知识的文化之旅，喧嚣的市井生活观光，是不太可能被这类目标客户选择定制的。

以往中国的旅行社几无例外都是擅长于大众旅游，涉猎私人定制旅游犹如初入道的新人。有没有一种可能，一家旅行社又做大众旅游生意，也拿出半张桌子来做私人定制旅游的生意呢？显而易见，这样的可能性实在是不大。换一个直截了当的说法，那就是中国现有的"旅行社"的名字本身，已经被自己、被社会涂抹上了大众色彩，与"私人定制旅游"概念本身，已经产生了语义上的隔阂。

中国社会中大众旅游仍将长久持续，距离"私人定制旅游"大面积铺开尚有相当远的一段距离。面对"私人定制旅游"这一小众市场，需要探究的问题还有很多。

（三）斯里兰卡文化旅游如何为中国旅游者解心结

一些国际旅游者视为热门的旅游目的地但却在中国旅游者那里遇冷，个中原因值得探究。斯里兰卡（Sri Lanka）正是这样的一个事例。以斯里兰卡做样本分析，应能让我们从一个侧面看到文化旅游在解开旅游者心结中所起作用。

斯里兰卡的文化旅游，应始于一堂较为详尽的斯里兰卡的历史文化课。

虽然对于今天的普通中国人来说，闹不清"科伦坡"和"吉隆坡"的大有人在，但是并不能就此否认"斯里兰卡"这个国家与中国的旅行者之间的互动绵延了几千年这样的一个事实。世界上还很少有几个国家，会给中国旅游者留下如此丰富的记忆。

"斯里兰卡"作为这个国家的名字，仅仅是从40年前的1972年开始的。之前，它的原有国名"锡兰"名气更大，应用时间也更为久远。中文的"锡兰"两字，来自"Sirandib"的音译，但也不是最初就有的。中国宋代的赵汝适写《诸蕃志》时曾译为"细兰"，直到明代的马欢写《瀛涯胜览》时才定名为"锡兰"两字。

中国旅行者对斯里兰卡的了解，自然不是从明代确定"锡兰"俩字开始的，而是更早。中国人孰先到访斯里兰卡虽不详，但最早到达这里并且最有成就的人却十分清楚，那就是著名旅行家、东晋的高僧法显。法显于义熙六年公元410年由南印度搭乘海船到达这里，长居两年，求得《弥沙塞律》《长阿含》《杂阿含》和《杂藏》。今日的旅行者如果细心，还能在斯里兰卡发现"法显洞"这样的地名。法显留下的重要的著作《佛国记》，远比《徐霞客游记》成书更早，也更像一本海外游记。

唐代的玄奘大师所著的《大唐西域记》，依照"锡兰"的梵文名称"simhala"，直接将其音译为"僧伽罗"，对该国的风土习俗进行了翔实记录："僧伽罗国，周七千余里，国大都城周四十余里。土地沃壤，气序温暑。稼穑时播，花果具繁。人户殷盛，家产富饶。其形卑黑，其性犷烈。好学尚德，崇善勤福。"另一位唐代旅行者、中国佛教四大译经家之一的义净大师，则与玄奘不同，他没有采用"simhala"一词的音译，而是选择了意译。在他的《大唐西域求法高僧传》书中，他将这个国家标记为"师子国""师子洲"。因为狮子属于兽类，故而后来的人们就将"师"字加了"犭"旁，变成了"狮子"。

说到狮子，则斯里兰卡与中国之间更有诸多神秘联系。中国大地上自古不产狮子，然而石狮、铁狮、铜狮却处处可见。旧时各类狮子主要是出现在皇宫、衙门、寺庙等地，而今天在许多公司大楼甚至学校门前，作为炫富、威权、文化等复杂因素的象征，各类狮子也都能见到。逢年过节，舞狮也早已经正经八百成了中国的一项民俗。狮子究竟最早是从伊朗（安息）、印度（天竺）或是斯里兰卡（锡兰）传入中国，众说不一。但是，"狮子"这种动物的得名，研究表明则确与锡兰有关。

虽然 1972 年"锡兰"作为国名已经与这个国家告别，但实际上人们的日常生活却并没有断了与这个名字的联系。今天的旅游者若去与斯里兰卡普通人交谈，就会知道许多斯里兰卡人至今仍乐意称自己为"锡兰人"。2010 年斯里兰卡政府再次发出指令，将"锡兰"的名字从人们的日常社会生活中进行了更彻底的剔除。当时的一家海外华文报纸曾这样报道："为了摆脱英国殖民的阴影，位于亚洲南部外海的斯里兰卡近日下令全面禁用旧名'锡兰'，以脱胎换骨迎接 2011 年。但享誉国际的特产'锡兰红茶'早已深植人心，因此，政府决定破例让这项产品维持原名，继续热销国外。"

由此可见，"锡兰红茶"的国际上的影响力甚至会强于政治观念。"锡兰茶"对于中国人来说，其实一点儿也不陌生。旧时代讲究的老上海人，会以喝"锡兰茶"为荣耀。虽然中间很长一些年中国人对锡兰茶有些陌生了，但最近十多年，中国对锡兰茶的进口不断增加，吃茶人又不难从市场中寻得它的踪影了。锡兰茶因通过了国际社会有关农药和其他不良药物残留的评测，得到了世界上第一个"ISO 茶叶技术奖",被认定为是"最干净的茶叶",因而也一直是今天的中国旅行者到斯里兰卡旅行最乐意带回的纪念品和礼物。锡兰茶有专门的"锡兰茶质量标志"。长方形标志的上部为一右前爪持刀的雄狮,下部则是上下两排英文,上排为"Ceylon Tea"(锡兰茶),下排为"Symbol of Quality"(质量标志)。

锡兰茶能够走向世界,拥有世界影响,与这个国家最主要的两个土著民族僧伽罗和泰米尔关系不大,功劳主要体现在人数不多的信奉伊斯兰教的阿拉伯摩尔人那里。斯里兰卡国旗上面,除了代表僧伽罗的咖啡色和代表泰米尔的绿色之外,另有的那一小条橙色,便是对这些外来移民摩尔人的认同。

但这个国家的500年的被殖民史,葡萄牙、荷兰、法国、英国都在这里留下了根基。外来殖民者自然也有其功绩。而这一段历史,相对中国人对这个国家的古代历史的了解来说,是比较陌生的。

西班牙人最早抵达这里,是嗅着香料的味道、尾随着当地从事香料贸易的货船而至。1515年,一位名叫劳伦可·德·阿尔梅达的葡萄牙海军司令,率领着一个由9条船组成的船队,沿印度海岸追踪阿拉伯摩尔人的香料船,阴差阳错,来到了科伦坡。这些头戴铁盔、手拿火药枪的葡萄牙人"皮肤白皙,长相漂亮,吃白色石头(面包),喝鲜血(红酒)",让科提国王受到不小惊吓,于是主动善待,以每年11万公斤肉桂和其他若干财宝为条件,主动要求葡萄牙人留下来保护王国,以对抗北部的贾夫纳王国和中部的康提王朝。葡萄牙人自然是喜出望外,一留就是100多年。

在历经荷兰、法国殖民者短暂殖民后,英国人其后的200年的统治时间更长、影响也更久远。大力发展咖啡、茶叶、橡胶、椰子等种植园经济,同时推进西方文明,在岛上建立了现代教育、医疗、司法、行政、交通等一系列现代文明系统,致使斯里兰卡一度成为世界上繁荣富庶的地方。

西方殖民者的印痕,已经深深印在斯里兰卡社会生活的方方面面,浸润在了斯里兰卡的脊髓当中。今天的旅行者来到这个国家,轻易就能发现它与西方文明的勾连。

语言就是一个重要表征。今天的僧伽罗语里面,农业词汇、种植业及流通贸易词汇,不乏葡萄牙语词汇。例如"mese"(桌子)、"almaria"(衣柜)、"sappatu"

（鞋）、"jenela"（窗）、"ramisa"（裙子），都是从葡萄牙语借用的。荷兰语的词汇，可以从僧伽罗的法律词汇当中去找。而英语词汇更甚，僧伽罗人、泰米尔人日常生活语言中的英语语汇，许多早已经相互融合无法辨析了。行为也是一个清晰的印证。汽车礼让行人，即使是在没有警察值守、没设红绿灯的路口，即使是在城市文明未及的乡村，即使是开车的司机看上去样子比较粗野，你都能清晰地看到汽车礼让行人这样的景象。

斯里兰卡实行英式教育制度，儿童在6岁入学后受13年的小、中学教育，读完11年后参加"O" LEVEL考试，13年教育结束后参加"A" LEVEL考试。斯里兰卡大学根据"A" LEVEL考试成绩录取学生。斯里兰卡从小学到大学实行免费教育，政府对高等教育的投资自1980年以来一直不断增加。无论是在乡间还是城市，你所能见到的斯里兰卡学生都会是一样的整齐干净。在免费教育（包括免费校服）问题上，这个国家不存在城乡差别。如果一位中国旅行者不明就里去跟斯里兰卡人谈"希望工程"，一定会让这个比中国穷很多的国家的人惊讶不已。因为早在半个世纪以前，他们国家就已经全面施行免费教育了。

"锡兰挺立着香喷喷的乳房，轻轻摇荡着茂盛的林木，在水灵灵的纤腰之上。"这是16世纪葡萄牙著名叙事诗人卡莫恩斯根据所见所闻留下来的行游诗。马可·波罗到访斯里兰卡的时候，也看到了岛上的人们不分男女都几近赤裸，只用一块布围在腰间。这或许就是他称此地为"世界上最美的岛屿"的一个原因？英国第二任总督蒙特兰德到达斯里兰卡后，被一位日常赤裸着上身的混血葡萄伯格舞女深深吸引，立刻与之坠入爱河。后来这位总督所做的一件事，就是修改法律，结束了岛上低种姓妇女不穿上衣的历史。今天的旅行者如若还想看到赤裸上身的当地妇女，那只有一个去处，就是去位于斯里兰卡"文化金三角"其一的斯基里亚（Sigiriya）的狮子岩（Sigiriya Lion Rock）爬山。当气喘吁吁爬到山腰后，在一处隐秘的山洞里可以见到那些迦叶波一世的嫔妃及天女等十多个女性头戴宝冠、身披缨珞、上身裸露的舞姿优美的壁画。

第四章 文化旅游的旅游者心结及卖点

图 4-3 斯里兰卡狮子岩壁画

1972 年是斯里兰卡历史上的一个重要年份，也是当代中国人对刚刚更改国家名称的斯里兰卡近距离观察并熟悉的年份。时年 7 月，斯里兰卡总理班达拉奈克夫人第二次来到中国访问。时值中国的"文化大革命"期间，来访的外国首脑着实不多，衣着华丽的斯里兰卡女总理班达拉奈克夫人的来访，自然让一片蓝衣的中国人眼前一亮。班达拉奈克夫人访华带来的为时不短的"斯里兰卡热"，重要原因还在于她赠送给北京动物园的一只名叫"米杜拉"的小象。"米杜拉"在僧伽罗文中，是"朋友"的意思。班达拉奈克夫人在访华期间专门参观了北京动物园。后来她给北京动物园主任来信中说："动物园革命委员会主任，亲爱的先生：我想谢谢您在我参观动物园时所给予的热情款待。动物园给我留下很深的印象……我希望'米杜拉'能够成为你们动物园的一个具有吸引力的动物和参观者娱乐的一个源泉。请向其他动物园工作人员转达我们对他们合作的感谢。""米杜拉"落户北京动物园后，立刻成了闻名全国的动物明星，全国各地的旅行者络绎不绝地前来参观。

班达拉奈克夫人 1960 年就任斯里兰卡总理时是当时世界上第一位女总理。其后她的女儿库马拉通加夫人也做过总理，然后又做过斯里兰卡的第一位女总统。这母女两人的命运另有一点相似，那就是两人的丈夫都是死于非命。班达拉奈克的丈夫被僧人所杀，库马拉通加的丈夫则是被其政敌所害。

斯里兰卡的女性除了做过女总理、女总统外，女军人的数量也为数不少。1972

年班达拉奈克夫人访华那年泰米尔人成立的猛虎组织当中,就有近一半女性。她们在战斗中冲锋陷阵,甘做人弹,常令对方胆寒。

泰米尔猛虎组织倡导"独立建国",1983 年开始与斯里兰卡政府交战,节节胜利,使战火一度蔓延到科伦坡。1987 年印度出兵协助斯政府清剿猛虎组织,迫使其签订停火协议。2009 年 5 月 18 日,斯里兰卡政府军在穆莱蒂武区击毙反政府武装泰米尔伊拉姆猛虎解放组织最高领导人普拉巴卡兰后,宣告斯里兰卡内战结束。僧伽罗与泰米尔内战 25 年,造成约 6 万至 8 万人死亡。

今天的旅行者到访斯里兰卡,康提古城是一个必去的地方。对于这项世界遗产,联合国教科文组织是这样评介的:"康提古城是一个闻名遐迩的佛教圣地,这里曾是孕育了长达 2500 多年文化的辛哈拉王朝末期时的首府,1815 年时,由于英国人的入侵,辛哈拉王朝灭亡。康提古城的佛牙寺里收存着佛祖的圣牙,是著名的佛教朝圣圣地。"今天的旅行者进佛牙寺,通常没有特别注意到佛牙寺的入口处大门是新造的。1998 年 1 月,泰米尔猛虎组织在佛牙寺外引爆汽车炸弹,炸毁了佛牙寺的正门,17 个人的生命在此消失。也就是从那时起,猛虎组织被斯里兰卡政府正式宣布为恐怖组织。

佛牙寺全称是"斯里·达拉达·马利戛瓦",每日进行三次唤作"Thewava"的礼佛活动。中国旅行者进入礼佛,常常会受到优先进入的礼遇,不是因为别的,而是因为中国人敬佛往往掏钱比较大方。参观寺庙是需要脱鞋的。这样的规则今天的中国几乎没有哪座寺庙会坚持,佛教徒们对此也知之不多了。但今天的斯里兰卡,却将这一规则作为传统保留下来。因而你如果要进入佛牙寺,首先就要脱鞋。当地人比较简单,把鞋脱在一边就可以了。而外国人则要将鞋寄存,寄存则是要另行付费的。

中国旅行者到斯里兰卡,或许并不会都感到顺心如意。缓慢的蒸汽火车,狭窄弯曲的道路,虽然外国旅行者可能感到兴奋,但却很难会合喜欢高铁的中国旅行者的胃口。

中国旅行者在这个国家可能遇到的不顺,想必无过于三宝太监郑和在这里的遭遇。明朝永乐七年郑和第三次下西洋来到锡兰,得知锡兰山国王亚烈苦奈儿"负固不恭,谋害舟师",郑和觉察后,马上离开锡兰山前往他国。回程时再次访问锡兰山国，亚烈苦奈儿国王发兵五万围攻郑和船队，又伐木阻断郑和归路。郑和怒起，趁机带领随从两千官兵，取小道出其不意突袭亚烈苦奈儿王城，破城而入，生擒亚烈苦奈儿国王与王后。永乐九年六月十六（1411年7月6日）郑和回到北京，将抓来的亚烈苦奈儿国王献给朱棣皇帝。太和殿上朝时，众朝臣齐奏诛杀，但朱棣怜悯亚烈苦奈儿无知，释放并遣返了亚烈苦奈儿国王和王后，并另选了一位贤者邪把乃耶，遣使赍引，诰封为锡兰山国王。

除了文化的丰厚，斯里兰卡这个小小的岛国，还拥有26座国家公园和动植物保护区。因此在斯里兰卡旅行，很容易见到自然状态中的大象、猎豹、猴子、孔雀、麋鹿、鳄鱼、蜥蜴等野生动物。人与动物的和谐相处，常会令人赞叹不已。一家建在山顶的五星级酒店对住客的提醒是："请注意，猴子可能会趴在窗上看你洗澡。"

西方旅行者喜欢到斯里兰卡，与这个国家的历史、文化、自然都有关系。托罗密、马可·波罗对这个国家的记录，应该是西方旅行者与这个国家的最早勾连。500年的殖民史，葡萄牙、荷兰、法国、英国都在这里留下了根基，这当然也是一个让西方旅行者无法舍弃的重要原因。而近年来到此地的西方旅行者快速增长，与猛虎组织的消失和和平的重归，也有着必然的关联。虽然西方国家曾20多次对猛虎组织的暗杀、人肉炸弹进行过谴责，将其列为恐怖组织，但对斯里兰卡政府对猛虎组织的血腥武力清剿，亦进行过尖锐的批评。战争结束后斯里兰卡政府主动缓和与西方国家的关系，大力度的旅游促销，才带来今天西方旅行者迅速回升、稳步增长的大好局面。相比之下，中国旅行者对这个国家的了解并不多。旅行社的宣传单调且乏味，书店几乎找不到有关斯里兰卡的参考书，网络中的中文资料不仅少而且多有错误，这或许也是中国旅行者人数不多的一个原因。

一堂斯里兰卡的历史文化课，或是解开中国旅行者心结之必需。斯里兰卡的一次像模像样的文化旅游，只有在上过这样的一堂历史文化课后，才可以说厘清了眉目、构建起了清晰轮廓。

2019年4月21日，恐怖分子发动自杀性炸弹袭击，造成了斯里兰卡首都科伦坡多处酒店、教堂遭到破坏，死亡人数达253人，其中一中国旅游团亦有5人遇难。这类恶性事件的发生，无疑会让斯里兰卡的文化旅游难度再增。

二、文化旅游的持续卖点

人类的旅游有其自有的规律，现代旅游业的发展也一直在默默遵循着这样的规律运行。既然旅游的基因中已然包含了文化基因，那么文化的持续则必然会促进文化旅游的联动运转。这方面的一个突出事例，就是对日本旅游者接连不断持之以恒到访中国苏州的因果效应阐释：因为几乎每个日本人从小就从小学课本读到了中国唐代诗人张继的《枫桥夜泊》这首诗："月落乌啼霜满天，江枫渔火对愁眠。姑苏城外寒山寺，夜半钟声到客船"，儿时的影响深植心田，对"姑苏城""寒山寺"的地名铭记在心，因而其后去苏州经历一次文化旅游洗礼，则完全是顺理成章、水到渠成。

（一）文化旅游是旅游经营者的盈利保障

除却极少的专业旅游经营者会把登山、潜水、攀岩类极限运动或摩托艇、赛车、跑酷、滑板等运动类项目作为旅游专卖，不涉及或极少涉及人类历史文化的内容，其他绝大多数的旅游经营者都会向文化旅游方面投射，将文化旅游作为主打的旅游经营者不在少数，不仅是尼泊尔加德满都、泰国的清迈、秘鲁的库斯科的街头小门脸的旅行社，包括世界上最老的旅行社托马斯·库克和日本最大的旅行社JTB。

进入托马斯·库克的网站（thomascook.com）对"文化旅游"进行搜索，结果得到的是这样的显示："315 results found for culture travel。"这315个文化旅游的选项，包括去西班牙、古巴、波士顿、摩洛哥、土耳其、泰国、阿布扎比等旅游目的地的线路产品，也包括观看演出和体育比赛门票的销售。

日本最大的旅行社JTB的美国分公司网站（https：//www.jtbusa.com/），在"JTB独特的、鼓舞人心的、精心策划的日本之旅将为您留下长久回忆"的广告语下面，都是这样的一些极富感召力的文化旅游线路产品：

● Discover Hidden Japan & Visit Japan's Island of Art（发现隐藏的日本 & 游览日本的艺术之岛）

- Japan's Golden Route：Tokyo,Hakone,Kyoto,Nara,Osaka,Hiroshima（日本旅游黄金线路：东京、箱根、京都、奈良、大阪、广岛）
- Wonders of Japan 11 Day（日本之神奇 11 日游）
- Unforgettable Japanese Landscapes：13 DAYS（令人难忘的日本文化景观：13 日游）

对"日本旅游黄金线路"的具体产品说明是："旅程从充满活力的城市东京开始，这是一个保留其传统基础的现代城市，还将游览富士山、体验温泉；其后将游览京都和奈良，这里是日本传统的精神家园；然后去美丽的大阪城堡以及严岛神社，去观赏风景如画、漂浮在水面的大鸟居。"（Starting in the dynamic city of Tokyo, a modern city that preserves its traditional foundations, this tour also visits Mt. Fuji, relaxing hot springs, Kyoto and Nara, the spiritual homes of Japanese tradition, beautiful Osaka Castle, and Itsukushima Shrine with its picture-perfect floating torii gate.）

图 4-4　日本旅游黄金线路中的富士山

精心设计推出这类的文化旅游线路，足见 JTB 确将文化旅游当作了企业的产品主干并视为了盈利的保障。

法国政治和经济学学者、著名的政论家，曾被评为世界 100 位最顶尖的思想家之一的雅克·阿塔里（Jacques Attali）在《21 世纪词典》（*Dictionnaire du XXI*^{e}

Siècle)这本书中，对"文化"一词做了只有一句话的定义："创造财富的最重要载体，全面物质化的最后一道屏障。"①文化既然被雅克认为是"创造财富的最重要载体"，那么，理论上讲，与"文化"链接的"文化旅游"，则自然可以因"创造财富的最重要的载体"附体而为旅游经营者带来滚滚财富。75岁的法国雅克·阿塔里2019年4月又被法国著名时尚杂志 Glam'mag 评为2019年100位全球最性感男星。该榜单的候选者都是来自音乐、时尚、运动以及娱乐界的当红男星，由读者及编辑综合考虑候选者包括性感和美貌在内的综合因素，评选出最有潜力、智慧、幽默、魅力和野心于一身的完美男人。

雅克的说法当然并不代表旅游经营者只要躺倒在"文化"的大树下就能高枕无忧，事实上，从以往诸多与文化合体的残破的庙宇、濒危的古镇、凋零的博物馆那里，人们得到更多的印象是虽拥有文化却只能眼睁睁看着文化的崩坍。因而从某种角度来分析，文化是"创造财富的最重要的载体"这一能够赢利的说辞，充其量只是一个正向的引导，只是使然而非必然。

近年来运用"文化"挣钱受到社会好评的例子，来自台北故宫。甚至是一门新的叫作"文化创意"（简称"文创"）的产业也因此而出现了。当时台北故宫用康熙真迹做了一款纸胶带的故宫纪念品，不曾想到引来极大关注。台湾地区的一家媒体曾做了这样的报道：

康熙真迹超霸气！ 故宫推"朕知道了"纸胶带

台北故宫4日在脸书粉丝团PO出一款"朕知道了"纸胶带，让网友疯传、讨论，直呼超想收藏。简单4字却又霸气十足，这正是康熙皇帝真迹的复制品，因康熙在批阅奏折时，最爱在文末朱批"朕知道了""知道了"，所以台北故宫将其霸气字迹与纸胶带做结合。

台北故宫网络商城表示，纸胶带目前有五款，一组200元内有三卷，其中以"朕知道了"楷书纸胶带询问度最高，不仅台湾观光客爱，连陆客也抢买，未来还会陆续推出多款纸胶带；5月初最先推出的"乾隆御览之宝纸胶带"也

---

① 【法】雅克·阿塔里，《21世纪词典》，广西师范大学出版社，2004年4月第1版第57页。

很受欢迎，不到月底1000多份就销售一空。

"文创"产业大规模兴起后，类似的产品思路、产品设计广泛铺开，仅北京故宫，就有故宫元素的手机壳、正大光明充电器、电脑包、鼠标垫、U盘、女孩子喜欢的特色笔记本、笔记本礼盒、墨、纸胶带、钛金眼镜、手表、茶饼的专储盖、香皂盒等，一年销售额达到15亿人民币。

人类的文明积淀而生，今天的人们认识世界、了解人类文明，除了通过书本以外，更重要的就是一定要到文明的保存之地进行实地考察。与之相连的现代旅游业，因此而保有可持续发展的空间。古城、古镇、古村，是认识人类文明的一个窗口。它的独有的、不可再生的、无法仿制的特征，使得它的价值会随着时间的推移越发珍贵。人们要了解并体验这样的文明，无他法可求，只有亲临实地。一个信手拈来的实例就是，近些年中国各地兴建的一大批世界公园，里面都有巴黎埃菲尔铁塔、伦敦塔桥，然而旅游者到过这些公园，没有谁会就此打消到这些文明之地的念想。相反，往往是在初步了解到文明的概况后，激发了一定要到实地去看看的兴致。而旅游经营者的盈利保障，正隐现在这类文化旅游的操作当中。

（二）印度文化旅游的持续卖点

在一项对中国旅游者的调查中，显示有多一半的旅游者出行的目的会锁定在与文化的关联上。因而，文明古国、有悠久历史的目的地，在中国旅游者的出行计划中，总是被排列在重要的位置。尤其是在一些知识阶层旅游者、老年旅游者当中，这样的倾向会显得更加突出。其实，这也与世界上旅游发达国家旅游者的价值取向完全一致，文化旅游在国际旅游中从来就有着不可撼动的主导地位。印度旅游恰恰沾了这样的一个光。

今天的中国远赴印度的旅游者，虽说都是古代文明线路、文化旅游线路的不折不扣的拥趸，但在抵达作为旅游目的地的印度时，绝不会再怀有唐玄奘当年"西天取经"的冲动，心情的平实使得这种旅游更加接近于史实的印证与社会的考察。这样的旅游者多是早已将印度游当作一个既定的旅游目标。如果以此把参加印度游的旅游者做一个简单归纳，那么有这样的几个特点或是一种共性：有充分的出国旅游经验；有较好的经济基础；有对印度文明的初步了解，对印度文化感兴趣并且愿意对印度进行更深了解。

由于印度的博大深广，中国以"儒教治国，佛教治心"的历朝历代的政教主张的积淀，与同为文明古国的埃及、巴比伦相比，印度更为中国普通的平民百姓所熟悉。但因为印度的特殊，旅游者除了对印度之行的景点概况熟悉之外，行前的功课在下列问题上也不能忽略：一是中印交流的历史流脉，从唐朝的玄奘大师的《大唐西域记》，一直到近些年中印之间的交往。当然，也无须避讳1962年发生在中印之间的那场战争。二是中国人熟悉的一些印度名人，如提出"非暴力"主张的圣雄甘地、印度伟大诗人泰戈尔、尼赫鲁以及那个时代的中印蜜月关系、同遭到暗杀厄运的英迪拉·甘地和拉吉夫·甘地，等等。三是印度的主要宗教概况，如印度教、耆那教、锡克教以及中国人所熟悉的佛教的基本教义和发展的大致状况。

旅游市场中旅游经营者们所销售的印度游线路产品，多因缺少契合国人心绪的认真的思考及对产品细致精确的研究，而显得有几分浮躁。譬如说，一些旅行社所推的印度的金三角地区（德里、阿格拉、斋普尔）的旅游线路，原本是一条十分成熟的常规旅游线，欧美旅游者对印度旅游局着力推广的这条线路满意度极高。但是，对于来自另一个文明古国中国的旅游者，这样的精彩线路却会让他们赞叹之余约略还会感到有几分失落。原因在于金三角线路的景点几乎全部是伊斯兰教文化的遗存，中国旅游者所熟悉的佛教的东西全无展示，因而无法启动中国旅游者的心灵呼应。其实作为旅行社的市场思考也应当明白，仅仅是金三角的印度游线路，并非是绝大多数也许今生只能去一次印度的中国旅游者的最佳选择。最简单的印度游线路中，也应当包含有世界遗产之城瓦拉纳西和"初转法轮"的佛教圣地鹿野苑，这才算是大致对了中国旅游者的脾胃。

印度游的线路产品的定位，不应该是放在满足一部分"到此一游"心理的旅游者的初等需求而漠视对满怀探寻古代文明、追求知识提高的旅游者的深层需求。同时，经营文明古国印度的旅游，应当在市场甫启动的时候就能确立明确的市场谋略，从长远的角度来做思量。诚如外国旅游者来中国旅游不可能一次走完全部的精彩城市、精彩景点一样，中国的旅游经营者们设计制作的印度旅游线路，也应该以至少两条线路引导旅游者。譬如说，以金三角加西部及中部的瓦拉纳西、卡杰拉霍组成的线路，主题可以是对印度不同的宗教文化的接触、游览印度最著名的经典建筑；而另一条以孟买、果阿、阿旃陀、埃洛拉为旅游踪迹的线路，则可以设定在印度的独特的电影文化、洞窟文化和殖民文化方面进行修饰点染。

印度文化旅游的持续卖点在于文化，也在于如何让印度文化扣合当代中国旅游者的心。

图 4-5　印度卡杰拉霍雕塑群

第五章
文化旅游的优势与短板

文化旅游只是与"自然旅游"相对应的概念，与"休闲旅游"等旅游类别不成对应。文化旅游既可以是休闲旅游，休闲旅游也可以是文化旅游。

现实生活中我们可以看到许多文化旅游受欢迎的场景，比如在博物馆、美术馆出没的人群；许多上乘的文艺演出一票难求；球迷们为了支持自己喜欢的球队，从一座城市到另一座城市、从一个国家到另一个国家为其助威；埃及金字塔几乎完全不做广告却年复一年旅游者终日不断；为了观看感恩节大游行，美国休斯敦附近城市的人们会提前赶到这座城市将游行经过的道路围聚得水泄不通。

一些名作名画的展出地，更是文化旅游者乐得流连之处。比如墨西哥城的那座著名建筑"艺术宫"（Palacio de Bellas Artes）的三楼，绘有一幅"墨西哥壁画三杰"中最优秀的壁画家迭戈·里维拉的名气甚大的大画《十字路口的人》（*El Hombre En El Cruce de Caminos*）。在画前驻足细细品味、认真观赏的人总是络绎不绝。其中原因不仅在于这幅画本身的内容极其丰富，而且还在于这幅画本身的经历也充满神奇。

这幅画原是为美国纽约洛克菲勒中心的定制创作。壁画即将完工时，被洛克菲勒家族要求必须进行修改。固执的里维拉坚决不从，于是洛克菲勒家族单方面终止合同。在全额付清费用后，将已经接近完工的这幅《十字路口的人》全部毁掉。之后，倔强的里维拉凭借记忆和手稿，将这幅画重新绘制在墨西哥城艺术宫的三楼墙面。2002年茱莉·泰摩（Julie Taymor）在执导的传记影片《弗里达》中将这幅画经历的曲折故事做了完整体现。是什么原因让洛克菲勒中心毁掉了这幅画呢？旅游圣经"孤独星球"(LONELY PLANET)的解释是因为画中表现了无产阶级革命,而茱莉·泰摩的《弗里达》电影解释得显然更加清晰一些,那是因为壁画当中,出现了一个人人都能认得出来的人物,那就是列宁。

图 5-1　墨西哥城艺术宫的里维拉名画《十字路口的人》

当然,现实中文化旅游的窘境人们也常常是可以遇到。叙利亚的炮火将叙利亚的全部 6 项世界遗产送入了 UNESCO 的《濒危世界遗产名录》(*List of World Heritage in Danger*)。随着旅游业的繁荣,在一些著名文化景点,旅游者乱涂乱画之类的不文明旅游现象屡禁不止。

文化旅游的优劣复杂,其实并非由"文化旅游"本身制造,是人类本身崇尚的真善美与假恶丑,才使得文化旅游复杂起来。

一、文化旅游的优势所在

文化旅游之所以受到人们欢迎,有外部的原因,也有其自身的原因。

皆因"文化"二字的原因,文化旅游与旅游者的关联最为密切。在所有类型的旅游中,文化旅游对旅游者的吸引涵盖面最广。

在世界同类美术馆中,日本东京国立西洋美术馆虽然亦收藏有 200 余件罗丹、鲁本斯、莫奈、雷诺阿、凡·高、毕加索等著名近代欧洲画家的美术名作,但也并不能算是个中翘楚。但2016年，这座美术馆因建造者的缘故以"勒·柯布西耶建筑作品"（The Architectural Work of Le Corbusier, an Outstanding Contribution to the Modern Movement）进入《世界遗产名录》，则与以往相比增加了相当大的优势。建筑本身就是世界遗产的美术馆，全球当然是凤毛麟角。难怪日本首相安倍晋三也会乐不可支地说："由衷地感到高兴。将切实守护成为世界遗产的西洋美术馆，并交给下一代。"强调要"从共享全球性文化与价值观的角度出发，向世界积极传播日本的文化艺术"。毋庸置疑，这座美术馆在旅游者那里，会更多受到青睐。

文化旅游能够做的文章多种多样，这当然是文化旅游的优势之一，而最佳的一个实证可以从奥地利与莫扎特那里找到。

人们对音乐家莫扎特的名字前冠以"伟大"二字很少会有争议，因为他的成就证明了这一点，他是所有时代中最重要的艺术家之一，或许是人类曾出现过的最有才能的作曲家之一。2006年是这位伟大的音乐家250周年诞辰，奥地利为纪念这位伟人，这一年推出的各项活动竟达10 000项之多。各种莫扎特音乐会自不待言，街头艺人也自觉、自愿加入纪念莫扎特的活动当中；诸多以莫扎特为主题的旅游纪念品包括莫扎特巧克力、莫扎特酒、莫扎特钥匙圈、莫扎特笔记本、莫扎特背包、莫扎特纪念手表等应有尽有；莫扎特酒店、莫扎特电影院、莫扎特剧院以及莫扎特广场、莫扎特故居也都有贯穿一年的纪念活动。文化旅游置身其中并作为主要的表现形式，自然是璀璨夺目、精彩纷呈。

（一）文化旅游的优势涵盖文化本身的优势

旅游业的快速发展引致的批评中，蜂拥而至的旅游者让环境变得脏乱差、原真性文化受到破坏一直以来都是比较尖锐的声音。不能不说现实中确实存在着这样的一些状况，但相反的事例，即文化旅游的开展使得文化得以发展的事例也是可以找到的。比如美国的文化旅游的研究者麦基恩（McKean）着重于印度尼西亚的巴厘岛进行了研究。巴厘岛是一个非常著名的海岛，在印尼这个伊斯兰教国家，它以印度教而独处。经过西方差不多快一百年的旅游资源、旅游设施的打造，这里早已经是以"人间最后的旅游天堂"闻名遐迩。那句"只知巴厘，不知印尼"的口号，也可以说是对其盛名的一种描摹。尤其是在各国的年轻人那里，巴厘岛就像梦幻一样的存在,新婚旅游、家庭度假、个人休闲、公司商务等那里几乎适合各型各类的旅游。有太多的浪漫氛围的电影选择以巴厘岛为故事发生地,也有太多的最佳旅游目的地评选将这里纳入其中。最新的一词则是那本著名的旅游杂志 Traveler(旅行家),它的 2019 年"旅游目的地大奖"当中,又出现了巴厘岛的名字。这次,这里被作为了"健康旅游目的地"(Wellness Destination)。

巴厘岛的特有文化一直是深受旅游者喜欢的,在露天的"天堂门"剧场观看传统的民间舞蹈表演,到乌布的绘画村、雕塑村去选购、观看当地工匠制作的手工艺品。在旅游业兴盛发展多年之后,这些传统表现、传统艺术是否受到了损害走了下坡路呢?麦基恩在进行了大量调查之后发现,巴厘岛的文化旅游开展以来,不仅没有消减巴厘岛的文化而恰恰是相反,强化了巴厘岛的艺术。巴厘岛文化旅游发展的一个结果就是这里出现了比以前更多的舞蹈演员、音乐家、木刻人和其他手工艺术品制作人。

图 5-2　印尼巴厘岛传统民间舞蹈表演

与此对应的另一个文化旅游研究者理查德(Richards),在对美国路易斯安那州的考察分析后也得出了与麦基恩几乎相同的结论。他的研究表明,文化旅游的开展,已经让面临消亡的路易斯安那州的路易斯安那人的后裔们的民俗特征得到了重新恢复并受到保护。

这类事例当然显示了文化旅游的进步意义,也说明了文化旅游的优势涵盖了文化本身的道理。

几乎所有的人类文化，都可以通过文化旅游的形式被外界知晓、引外界注意、向外界传播。无论是人类文明源头的两河文明、埃及文明，还是美洲的玛雅文明、印加文明莫不如此。1812 年瑞士探险家 Johann Ludwig Burckhardt 发现的佩特拉这座荒无人烟的千年古城，1842 年法国驻摩苏尔的领事 Paul-Emile Botta 发现的亚述（Assyria）国的首都尼尼微（Nineveh）等，也都是因文化旅游而被更多的人认知。可以说，如果仅靠文化本身的优势，是完全做不到这些的。

（二）海明威故居旅游展示的文化旅游优势

国内许多城市近年来很是热闹了一番"名人故居热"，在沿海的一座城市，甚至还出现了一个"名人故居一条街"。分析一下位于美国基韦斯特的海明威故居是如何展示自己的文化旅游优势的，应该为我们的各类名人故居文化旅游提供一些适用性参考。

作为美国本土最南端的岛屿基韦斯特（Key West），如果单单是晒太阳、看日落，旅游者到这个岛屿来的兴趣很难说会与今天一样大。从四面八方会聚到这里的旅游者，显然并非完全可以喜欢自然统而论之。文化的因素，蕴含其中，起到了不小的助推作用。这一点，我们来看墨西哥与加勒比海的几个著名海滨度假地就很清楚。坎昆能够胜出，自然是因为其中掺杂了玛雅的因素。基韦斯特当然也未能例外。基韦斯特的文化因素有多样性的一面，比如，最初西班牙人上岛发现这里白骨累累，故而起名为"骨头岛"。古巴偷渡客将此作为实现美国梦的起点，为这座岛屿涂染了浓重的古巴风情风味，留下了今天岛上随处可见可闻的古巴面包、古巴雪茄、古巴音乐、古巴味道的英语。海螺共和国，则更可以引发人们对美国的国体、宪法宪政的诸多思考。然而，所有这些文化因素，都不及另一项文化因素来得猛烈。到基韦斯特来的旅游者，应是无人不知海明威，也无人不会感受到海明威的召唤。

每日清晨，与海明威故居相邻的这座岛上最热闹的街道杜瓦尔大街（Duval St）尚没有一家商店开门；海明威故居所在的这条白头大街（whitehead St），却已经拥来了越来越多的旅游者。三三两两四处走来的旅游者来到海明威故居，竟在门口排起了一个十多米长的队。这座岛屿的作息似乎也与其他海岛稍有不同。其他海岛多数是要到上午 10 点、11 点才活过来，甚至也大有一些海岛，是要到下午 3 点、4 点岛上的街道才能见到人流。而基韦斯特的海明威故居博物馆，早上 9 点就已经开门迎客了。一个名人故居，一个文学家故居，一年能有约 50 万旅游者到访，如此受旅游者垂青的作家故居，世不多见。

图 5-3　美国基韦斯特海明威故居博物馆

到访海明威故居的旅游者来自全世界各地。这从海明威故居博物馆（Ernest Hemingway Home & Museum）的网站（www.hemingwayhome.com/）使用了德语、汉语、法语、西班牙语、英语五种语言的状况，也可以略见端倪。当然，几种语言的网页内容从容量来看还是有区别并且有较大区别的，汉语的网页满足的只是多数"到此一游"的汉语旅游者的口味与需求。人们若想要了解海明威与这座故居的更细致的内容，还必须要去细读英语网页上的文字。

作为名人故居，海明威故居博物馆的火爆的因由值得探究。至少有如下三个原因，促成了这一切。

第一，海明威乃是奇人，其个人传奇故事对旅游者充满诱惑。男性旅游者或会对他与伊文思、白求恩等人到西班牙参战更感兴趣。

基韦斯特海明威故居及博物馆是值得旅游者仔仔细细、认认真真去看的。这里的道理当然简单且明了，因为这里是海明威一生中最重要的一个居所，他曾在此生活了十多年，许多重要的作品产生于此。数不清的有关海明威的电影、电视的拍摄，都少不了这个院子与这座小楼。

这座楼的格局与美国诸多传统楼房并无二致，左手是餐厅，右边则是海明威的客厅。去年好莱坞的最新一部描写海明威的故事片，就有大量篇幅展示了这间客厅。

西班牙内战开战，海明威就是在这里，观看了伊文思拍摄并放映的来自战争前线的纪录片。一帮热血青年，因此相约一起奔赴西班牙前线参加战斗。

原因之二是海明威作为诺贝尔文学奖获得者，以传世作品深入人心。一部《老人与海》，凡受过初中教育的人都会知道。而在文学爱好者中女性旅游者占比通常较高，对海明威的几段婚姻感兴趣的女性旅游者也会比男性旅游者多一些。

距离海明威最后一次到访这座20世纪30年代与第二任前妻的故居，也已经过去了50多年。海明威与第四任妻子定居古巴后，曾于1960年，也就是告别这个世界的前一年最后一次到访过这里。这座故居主楼后面的小楼底层，那间由马厩改建的客房，留下的是海明威最后的身影。马厩客房的上面，则是海明威著名的书房所在。

海明威故居博物馆与众不同的是，分类都是极有特色的。它是按照"他的书""他的妻子""他的孩子"等这样的类别分别进行描述的。这其实对应的正是今天部分到访这里的不同旅游者的不同心理需求。比较精妙的是，不同心理需求的旅游者，可以各取所需，人人心满意足。

到访海明威故居的旅游者，自然有不少是热爱文学、喜欢海明威作品的人。但是海明威离开这个世界半个多世纪之后，不能不说他的文学影响力也在同步衰减。这当然与他的文学成就无关。时间就是一把杀人刀，荷马史诗虽伟大，但今天的多数世人也已经都讲不出来其中的完整故事。

海明威对中国人的影响力，虽然也是在逐渐消减，但却始终没有消失。近年里可以见到的一个亮片，那就是姜文拍摄的那部电影《太阳照常升起》。从这部影片的英文片名可以晓知，那是借用海明威1926年出版的小说标题 *The Sun Also Rises*。换用今天的说法，那就是，影片想要表达的意义之一，就是向海明威致敬。

对纯文学的兴趣减弱，却并不意味着对海明威家庭事务物感兴趣的人会减少。充斥美国电视的家庭肥皂剧或独霸中国荧屏的中国婆婆妈妈垃圾电视剧，就代表着这样一种市场需求。而今天的旅游者中的绝大部分，或者说占比最高的部分，正是这类对名人婚姻八卦新闻最感兴趣的人。那么，海明威故居中的诸多他与他的四个妻子的日常起居照片，以及讲解员口中的有关这些家庭的诸多八卦故事，完全可以让这类旅游者的好奇心得到满足。

第三个原因，那是全世界的任何一个名人故居博物馆都不具备的原因，那就是这座博物馆的魅力来自博物馆楼内户外的那些有名有姓、待人友善，并且曾经与美国农业部打过官司的那些漂亮的猫。故居网站上自豪地用"我们的猫"来做诱导，正打中了这类旅游者的软肋。

诸多到访海明威故居及博物馆的旅游者，并不完全是因为了解海明威。或者说，吸引他们到访这里的原因，与曾经的房屋主人海明威一并重要。让诸多旅游者津津乐道、迷恋不已、乐而前往的这个理由与动因，就是海明威故居及博物馆里的那些猫们。这些猫们甚而至于在英语语境中有自己的专有的称谓语词，叫做"海明威猫"。

海明威故居及博物馆对此当然是心知肚明。他们的网站上辟有专门的有关这些猫的详细文字介绍及图片，并且，还将旅游者网上发的猫图进行了链接。那些由普通旅游者拍摄的上万幅海明威猫的猫图，既是旅游者们欢乐心绪的一种尽情宣泄，也为海明威故居及博物馆做出了最好的招徕推广，撩拨且引诱着人们，接连不断地到访这里。

当年海明威从一位船长手里接过一只猫的赠礼的时候，或许绝然想不到他收养的那只猫，此后可以形成的浩然盛气，不仅可以与海明威本人声名比肩，甚至在某些程度上大大超越。网上表现并谈论海明威猫的图与文大大超越谈论海明威的作品的数量，当然就是一个明证。自由自在生活在海明威故居及博物馆里的猫们，在海明威离开这座基韦斯特的住所又离开人间半个多世纪之后，还能让这里保持人们的关注热度，不断诱惑着旅游者从世界各地赶来，这的确值得探讨、值得深究。

海明威猫能够得到旅游者如痴如醉的爱戴，原因当然还不完全是因为"海明威"的名人贴签。作为人类的永久伙伴、朋友来说，猫与人类共生共荣辱已经有非常久远的历史了。3000年前的埃及法老墓中，狗的身影还无处寻，而猫已经作为人类的宠物抑或神祇登堂入室了。

然而这些海明威猫仍是以共有的特立独行的特质,将它们与其他猫区分开来。

首先就是博爱。这是海明威猫与旅游者在基韦斯特可以见到的其他猫重要的一个区别。海明威故居及博物馆中有猫40到60只(数字源于美国农业部。几年前美国农业部在尚未弄清这些猫的准确数量的时候,就曾将这些猫送上了法庭),每个到访海明威故居的人,都会受到这群海明威猫的善待。与人陪伴相坐,任人抚摸,为人们表演它们具备的各类技巧拿手好戏。这些猫们虽然也分敦厚、活泼,但在待人接物上,却一概以礼貌谦和示人。海明威故居及博物馆的导游介绍说,自开馆以来,从未有旅游者被猫抓伤的记录。

另者,海明威猫是海明威故居及博物馆特别难得的引导员。四处可见的这些猫可以指引人们抵达海明威故居及博物馆的各个角落,因而明显增加了旅游者停留时间以及对博物馆的好评度。许多重要的景点,比如故居中的游泳池、猫舍、猫墓地等等,若没有猫作为引导员,便极可能被人们漏掉。猫与导游员之间,十分稔熟。当导游叫它们的名字的时候,它们会自觉进入到规定情境中来做表演。这些猫制造的话题和有关它们的故事,亦会不断出现在导游的导游词当中,让旅游者们的海明威故居及博物馆的游历趣味盎然。

海明威猫在外界的名声大噪,与另一个传说是联系在一起的,那就是"六趾猫"的传说。海明威猫们并不反对远道而来的旅游者对此进行验证,它们会十分配合允许人们翻看它们的奇特的脚趾。而海明威故居及博物馆方表现的科学态度,也十分难得。他们会将科学常识坦然告知人们:六趾猫并非是猫的一个种类,六趾现象其实可以出现在各类名猫身上。

安然享受自然与文化的海明威猫,从海明威故居及博物馆开馆那天起,就已经生活在那里了。一辈又一辈,由生到死,与这座海明威故居与博物馆同呼吸、共荣辱。

几年前,一场飞来的官司,让这些猫突然成了被告,迫使这座博物馆不得不奋起应诉破费了差不多百万美元。今天海明威博物馆外墙上的铁栅栏、猫身上挂着的项圈,都是那场拖延了差不多十年的旷日持久的官司打输失败后的耻辱记号。

这个官司，作为世间罕见的人猫官司案例，是可以进入法学课堂进行详尽分析的。

案起海明威故居与博物馆隔墙而居的不喜欢猫的邻居。后来这起由琐碎多事的邻居引发的案子被美国农业部插手。农业部依据《动物福利法》，将这些海明威猫等同于马戏团商演的猫对待而要求惩处；而海明威猫的律师，即海明威故居及博物馆一方的律师，则显然在应诉准备、应诉策略方面存在问题。官司经过了二审，最终由州法院裁定，海明威故居及博物馆一方败诉，那些原本可以自由游荡的海明威猫，受到了农业部所要求的人为束缚。

这场官司轰轰烈烈进行时，美国诸多媒体进行了多方报道及评论。而官司的主角，那些漂亮、干净、温和、知礼的海明威猫，却丝毫没有受到情绪影响，依然从容不迫，真诚接待每天来从世界各地赶来看望它们的旅游者们。

这起美国农业部插手的官司，既显示了政府的权威，也暴露出政府部门的轻狂。官司进行时，农业部曾一度威胁要将全部的海明威猫带走，这显然就是政府部门过高估计了自身的能力，而且低估了事件的后果。

这些海明威猫没有受到美国农业部太过严厉的惩罚，表面看是双方的一种妥协。但深层来看，其实那些农业部官员们内心惧怕的当然还是这些海明威猫世间颇大的名气，以及，在这些猫背后的来自世界各地的旅游者们的力量。

正是海明威本人的传奇故事、他的不朽的文学作品、生活在海明威故居和博物馆内的猫等各种因素交织在一起，对旅游者形成了巨大的虹吸作用力，才造成了这座名人故居的旅游者终年不断。

二、文化旅游的短板

谈及旅游与文化的关联，常听到的一句话，是"文化是旅游的灵魂"。这类在"文化"粗放定义下对旅游的放言，看似正确，但对文化旅游而言，若是囫囵接受则无任何裨益。"文化旅游"中可以采用的文化，其实已经明确在前述文化旅游的定义当中，文化旅游专指以文化为核心模块的旅游，并非所有以"文化"名之的东西都可以被文化旅游吸纳。例如所谓的"企业文化""厕所文化"之类，因其核心模块与文化无涉，只能视作一种文化借势、应景比附，基本上不可能被吸纳入作为旅游特有类型的"文化旅游"当中。世上断不会有哪个旅游目的地会是因"厕所文化"而形成了对旅游者的吸引力的。

亚伯拉罕·匹赞姆（Abraham Plzam）在谈及旅游与文化的关联时也出现过这样的犹疑："文化包含了一套内隐的与共享的观念、传统、价值和期待，从而使不同群体的人相互区别。它表明了社会单元的独特性和价值观念。像国家一样，组织、行业和职业群体也拥有自己的文化。尽管大部分时候，文化既没有广泛的文件证明也没有被恰当归类，但少量的案例研究和简短描述使我们能够得出这样的结论，即文化的的确确存在着。因此，我们可以说医生文化、律师文化、工程师文化和电脑程序员文化诸如此类文化。"[①] 显然，亚伯拉罕的这样的一些文化归类，亦与"文化旅游"当中的文化核心模块风马牛不相及。在文化旅游当中，能够被转化为文化旅游产品的文化，才可以说是旅游的魂的一部分。之所以是一部分，那是因为除了文化，与文化相对的自然也可以是旅游灵魂的一部分。从文化旅游应用的典范欧洲来看，举凡文化旅游，一定是与建筑、宗教、城市、博物馆、人类工农业早期遗迹等元素关联的一些东西。以"文化旅游"为招徕的旅游，框定的一定是那些切实以文化为核心模块、看得见、摸得着的以物理形态存在的城市、景点、活动之类。若仍不忍舍弃"文化是旅游的灵魂"这句话，显然其意义在欧洲的文化旅游那里正确性就更高一些。

文化旅游不仅在与人们泛言的文化相比之下存在短板，在具体实践应用当中的短板也寻常可见。譬如在一次旅游当中，人们时常经历感知的"听景"与"看景"的差异，文化旅游就很难不能幸免。阿兰·德波顿在《旅行的艺术》一书中就曾发过这样的一番抱怨："德埃桑迪斯曾试图到英国旅行，在这之前的许多年，他还想过到另一个国家旅行，这个国家就是荷兰。在动身前，他把荷兰想象成尼特尔斯、扬·斯丁、伦勃朗、奥斯塔德的画作所描绘的地方。他期待那里有简单的家庭生活，同时不乏肆意的狂欢；有宁静的小院，地上铺的是砖石，还可以看见脸色苍白的女仆倒牛奶。因而，他到哈勒姆和阿姆斯特丹旅行了一趟，结果当然是大失所

---

① 【美】亚伯拉罕·匹赞姆，《旅游消费者行为研究》，东北财经大学出版社，2005年1月第1版第271页。

望。"①

具体到旅游经营者经营的旅游类型产品、旅游线路产品上，因国家、政治制度、宗教、法律、观念、思想等方方面面的不同，文化旅游的短板因完全无法藏身而不得已尽显无遗。

下面是托马斯·库克旅游公司2019年4月网站上发布的一个度假产品分类（Holiday Types）：

- All Inclusive（全包价旅游）
- Self Catering（自助旅游）
- Baby & Toddler（婴幼儿旅游）
- Family（家庭旅游）
- Adult Only（成人旅游）
- Clubbing（俱乐部旅游）
- Groups（团队旅游）
- Long Haul Holidays（长假旅游）
- Long Haul Tailor-Made（定制旅游）
- Luxury（豪华旅游）
- Florida Villas（佛罗里达别墅旅游）
- LGBT & Gay Friendly（女同性恋、男同性恋、双性恋、跨性别群体及基友旅游）

毋庸讳言，至少这份产品分类中的"Adult Only"和"LGBT & Gay Friendly"两种旅游类型，就在许多国家包括中国被法律法规所禁止不可以实施操作。

（一）受制旅游安全等因素的文化旅游

近年来中国的一些旅展当中，委内瑞拉的展台一直都很炫目，不仅展台漂亮，制作的旅游宣传资料也很不错。这个国家的文化旅游资源不可谓不丰富，比如

---

① 【英】阿兰·德波顿，《旅行的艺术》，上海译文出版社，2004年4月第1版第15页。

1522年西班牙在南美洲建立的第一个殖民地新卡地兹（NuevaCádiz），巴伦西亚的西班牙艺术博物馆、玻利瓦尔广场、1785年建立的安第斯大学、古老的西班牙教堂和寺院等。但目前要到这个国家旅游，安全之虞或是旅游者的首要考虑。更何况委内瑞拉的当地旅行社对旅游者的提醒，也会这样明确告知"最好住在富人区酒店，晚间不要出外活动"。

显然，旅游安全因素也是文化旅游关联的问题之一。

很多国家政府都会对旅游者发布旅游警告，通常是不同风险等级对应不同等级的旅游警告。以加拿大为例，加拿大政府颁布的旅游提醒及旅游警告将旅游风险具化为四个等级：仅须正常安全防范（Exercise normal security precautions）、须高度警惕（Exercise a high degree of caution）、避免非必要的旅行（Avoid non-essential travel）、避免所有旅行（Avoid all travel）。后两级被加拿大政府标明为正式官方旅游警告。列入旅游风险等级为官方旅游警告的旅游目的地，判定依据是在该地旅行或居住的加拿大人的安全保障受到了损害。进入"须高度警惕"等级的旅游目的地，前提是出现了"可识别的安全和安全问题"（There are identifiable safety and security concerns or the safety and security situation could change with little notice.）。例如将"中国"列在这个等级的具象说明中，就列明了那里出现了暴力事件个案，发生爆炸和抗议活动（in China due to the occurrence of isolated acts of violence, including bombings and protests.）。目前与中国同列在"须高度警惕"旅游风险级别的旅游目的地也有近百，包括南非、莫桑比克、印度、东帝汶、俄罗斯、秘鲁等等。列入"仅须正常安全防范"的百余旅游目的地，包括瑞士、美国、日本、澳大利亚、奥地利、冰岛、香港、新加坡，等等。

旅游者时常关注的旅游警示、目的地的治安等负面新闻报道，都构成了文化旅游短板。甚至是一些并不会危及旅游者安全，只是会与旅游者环保、保护世界遗产、关爱生命等思想理念相冲突的信息，也都会对某一部分旅游者产生消极的影响，而对那些旅游目的地望而却步。比如说出现在联合国教科文组织网站上、目前列在"濒危世界遗产名录"的31项世界遗产，就有很大可能性遭此境遇。

（二）困于"文化冲突"的文化旅游

自从哈佛大学国际关系教授萨缪尔·亨廷顿（Samuel Huntington）在其著作《文明的冲突与世界秩序的重建》(*The Clash of Civilizations and the Remaking of World Order*) 中系统提出了"文化冲突"问题后，关于"文化冲突"的讨论一时热闹起来。德国的哈拉尔德·米勒为反驳亨廷顿，特意将他的书《文明的共存》副标题直接设定为"对萨缪尔·亨廷顿'文明冲突论'的批判"。

另有一些学者在讨论中更多地关注于文化的交融问题。美国学者理查德·谢弗认为："虽然全球有非常多不同的文化，但各个社会也产生一些共通的习惯和习俗，我们称之为普世文化（Cultural Universals）。许多普世文化事实上是因应人类的基本需求而产生，比如说，对食物、住所与衣服的需求。人类学家乔治·默多克（George Murdock）曾著书描述一系列的普世文化，其中包括体育活动、烹饪、丧礼、医药以及对性爱的节制。"①

显然，在文化冲突当中找到文化的融合，才是对旅游尤其是文化旅游有进步意义的事情。

在中国出境旅游近些年有了突飞猛进的增长后，中国旅游者的超强购买力受到了世界关注，也让中国的旅游者收获了几个特殊称谓。

对购买力超强的中国大陆旅游者的特殊称谓，数年前出现在英国媒体上。与"英镑"相呼应，英国人发明了一个"北京镑"（Peking Pound）的说法。"北京镑"的说法，显然比较符合《英国人的言行潜规则》(*Watching the English, The Hidden Rules of English Behaviour*) 这本书中对英国人的幽默、英国人的讽刺行为的描述。但英国人的幽默，中国人却未必听得懂，即使听得懂也未必接受得了，这中间所体现的当然就是文化冲突问题了。其实也不光是中国人，美国人也有对英式幽默和讽刺的抱怨。《英国人的言行潜规则》书中就记载了一位美国旅游者的这种抱怨："英国人的幽默，在于你永远不知道他们其实正是开玩笑；你永远不知道他们此时是严肃的还是开玩笑的。"旅游者会受到英国人的幽默或讽刺的影响吗？《英国人的言行潜规则》的作者凯特·福克斯（Kate Fox）这样认为："英国人偏爱讽刺的特性更

---

① 【美】理查德·谢弗，《社会学与生活》，世界图书出版公司，2008年7月第2版第67页。

多地给商务旅行者带来困惑,而给一般旅游者以及其他来英国找乐子的人带来的困惑要少一点。"①

美国人对中国大陆旅游团的一个特殊称谓,来自美国旅游协会主席罗杰·道。他在接受记者采访时这样说:中国旅游者是"会走路的钱包","每个中国旅游者最后都是拉着装满美国货的行李箱回国。旅游行程往往长达两周"。"会走路的钱包"的说法,它的美式幽默表征突出,显然与英国人表达出来的英式幽默不同,它很像是出自一位美国脱口秀主持人之口。

无论是"北京镑"还是"会走路的钱包",仔细咂摸便可知,这些称谓虽然尖刻,但也仍属于幽默的范畴,其中都不包含恶意。

对中国旅游者的各类特殊性称谓虽然各不相同,但怎奈中国旅游者有着超强的抗打击能力,到世界各国各地旅游的中国旅游者,数年里一直是方兴未艾、有增无减。一个事实是,即使是凯特·福克斯所说的英国人的讽刺可能对商务旅游者带来的困惑,其实也从未发生在中国旅游者身上。这也似乎表明,面对这类文化冲突,中国旅游者多会取开放心态,旅游行程并未因此而受困。

但世界上另一些文化冲突,却并不由旅游者心态来确定。

以马尔代夫为例。马尔代夫这个国家虽然靠旅游者过活,非常欢迎旅游者,但别忘了它是一个全民信奉伊斯兰教并以伊斯兰教为国教的国家,其教规之严格,处处得以体现。旅游者若看好了哪位马尔代夫姑娘想要迎娶,还必须要先自皈依了伊斯兰教才行。除了旅游者下榻的岛礁酒店,在全国其他地方是买不到酒的,旅游者不用不切实际地设想去其首都马累饮酒狂欢。不离开岛礁酒店的旅游者,一样可以通过文字感知伊斯兰教的森严:在旅游者下榻的所有酒店的旅游者须知中一定不会漏掉的一句话就是:严禁裸泳。

跳出对亨廷顿的文明冲突的讨论,我们姑且暂时接受亨廷顿关于文明冲突可能导致暴力战争的推论,那么,暴力冲突或战争的发生,旅游尤其是世界不同文明间的文化旅游肯定会受到拖累。令人遗憾的是,亨廷顿文明冲突论提出30年,人类间的战争此起彼伏始终没有中断。而每一场战争,都会让人类文化遗产受损,文

---

① 【英】凯特·福克斯,《英国人的言行潜规则》,三联书店,2010年10月第1版第66页。

化旅游者的出行受限。这其中，以阿富汗、叙利亚为甚。阿富汗塔利班对人类文化的破坏，首先就是将巴米扬大佛炸成了废墟。而叙利亚战火燃起后，叙利亚仅有的 6 项世界遗产［阿勒颇古城（Ancient City of Aleppo）；博斯拉古城（Ancient City of Bosra）；大马士革古城（Ancient City of Damascus）；叙利亚北部的古村落（Ancient Villages of Northern Syria）；武士堡和萨拉丁堡（Crac des Chevaliers and Qal'at Salah El-Din）；帕尔米拉遗址（Site of Palmyra）］，悉数被列入到《濒危世界遗产清单》中，文化旅游归零，旅游者的步履完全被遏止。

第六章
文化旅游的题材及对象

文化旅游的题材及对象针对的都是旅游者。能用于文化旅游题材的文化，本身必须要能够对旅游者具有吸引力。虽称文化旅游，但若选取的题材文化吸引力不强，甚至根本与文化无关，那对旅游者来说，就未必乐于亲近。如勉强加入其中，不仅不会有好感，反而会坏了文化旅游的口味。

我们不妨来看一个英国的温洛克的实例。

温洛克是2012伦敦奥运的吉祥物，这是个具有金属现代感的独眼卡通吉祥物。它的头部代表着金、银、铜3个奖牌；它的大眼睛其实是一个摄像头，让温洛克录下一切；头上的黄灯代表了具有标志性意义的伦敦黑色出租车；而手上则戴着友谊手链代表奥林匹克的5个颜色。

作为奥运吉祥物的"温洛克"，名字本身就富含文化。这个名字与英国历史、地理有着如丝如缕的关联，直接得来于英国什罗普郡（Shropshire）的马奇·温洛克镇（Much Wenlock）。这与北京奥运的五个吉祥物"贝贝""晶晶""欢欢""迎迎""妮妮"的名字并无历史依据仅来自设计师韩美林的创作显然不同。

温洛克镇与奥运文化有关系吗？不仅有，而且与奥运之间有着重要的历史纽带。英国人在设计温洛克的时候自然已经考虑它和奥运的关联。

在温洛克镇，有一个传统活动自古至今每年都会举行，那是一场受古希腊奥林匹克运动会启发而举办的比赛，名为"马奇·温洛克运动会"。"马奇·温洛克运动会"召开的时间，为每年7月的第二周。运动会有田径比赛，也有"盲人手推车比赛""老年妇女赛跑"等一些受到大众喜爱的趣味比赛。现代奥运会的创始人顾拜旦男爵（Baron Pierre de Coubertin）当年正是因为去过那里看过了这个村镇的运动会，才萌生出创办现代奥林匹克运动会的想法并把它付诸实践。1994年，时任国际奥委会主席的胡安·安东尼奥·萨马兰奇（Juan Antonio Samaranch）也来到马奇·温洛克游览，并明确给出了来这里的理由："因为这里是现代奥林匹克运动会的发源地。"

奥运吉祥物的主要对象并非是成年人，它与童话故事一样，儿童才是它最准确的对象目标。温洛克与温洛克镇的故事虽然足够感人，但儿童所需要的讲述方式与成人所需要的还是会有很多区别的，这也就是"儿童文化"得以存世、"动画电影"长盛不衰的重要理由。伦敦奥运吉祥物温洛克自然考虑了这些因素，因而在最初设计阶段就请了一些儿童和家长参与进来。仅此还不够，他们又请了一位著名的儿童作家迈克尔·莫尔普戈出场，给温洛克的诞生编写了适应儿童思维及接受习惯的这样一个小故事：工人们在工厂为奥运会场馆炼钢的时候，在钢水出炉的一刹那，突然有两小粒钢水滚落在地面上。一个退休的炼铁师乔治（George）将这两粒钢水冷却凝固的钢块带回家里，经反复琢磨，将其雕琢成了两个都只长着一只大眼睛的小精灵。独具慧眼的伦敦奥运会卡通吉祥物，就这样诞生了。

一、文化旅游的题材把握

因为"文化"概念的博大宽广，文化旅游可选用的题材实在是数不胜数。没有任何一类旅游会像文化旅游一样，所面临的难题不是题材太少而是题材实在是太多。遴选题材，其实才是文化旅游的整体构想中最重要的一件事。

通常来说，越是知名度高、历史文化深厚的题材，把握上的难度就越大。将柬埔寨吴哥旅游入题进行文化旅游的构造时，难免就会有这样的体味。

吴哥的文化旅游的题材把握至少可以从两方面来着重用力：一是建筑本身的恢宏伟大；二是吴哥窟的历史与古代及当代中国人的关系。

今天的吴哥建筑遗存，主要由两部分组成：吴哥城和吴哥窟。

吴哥城方正规矩，南北西正中各有一门，东面则开有"胜利之门"和"死者之门"两个门。这些门都造得壮观大气，象鼻造型托起的高高门楼连接着城墙，大大的四面湿婆神像在门楼的顶端神秘地微笑。门前平坦宽阔的甬道两侧，各有57座石像整齐排列，一列是文官，温文尔雅中带有威武；一列是武官，虎虎生气又不失稳重。碧波在甬道的下面静静地流淌，野草在石头的缝隙里挺拔腰身。站在甬道的末端远远望去，恍惚来到天外之国。

吴哥城里面保存得最具气势的是BAYON，中文译做巴云寺。巴云寺坐落于城内正中央，建筑结构复杂。由台阶上到开阔的平台，建筑外围的廊柱便呈现在眼前。那密密的廊柱有序地排列着，使人联想到希腊的科林斯廊柱。廊柱原本所承托的顶部已不复存在，它们就赤裸裸地直指苍天。廊柱所围的墙壁上，是构图精密、雕刻技法细腻的浮雕，反映战争、外交、贸易等社会生活内容，其中有中国宋朝的军队援助吴哥人作战及宋朝商人在吴哥集贸市场上做买卖的画面。寺的里面有无数的门洞、无数的门槛，窄窄的走廊曲曲折折好似进了迷宫。登上寺的二层豁然开朗，美丽的湿婆神四面像一簇簇如山丘一般，她们是用巨大的石块垒好后雕出的，虽然庞大却不失柔和，表情生动而又娴静，实在具有亲和力。置身于这"山丘"之中，无论在哪个位置、向哪个方向看，都会有亲切的神脸对你致意，让人顿生被关怀的感动。

城墙外，有若干的陵墓。它们坐落在离城不远的位置，围抱着城郭，仿佛要对生者的家园保持永远的神往。东门外叫TA PROHM的皇太后陵就是极具特色的一个。进入陵区大门后，需穿过数百米的密林，方可到达陵墓建筑群。建筑依然结构繁复，内部依然窄小如迷宫。庭院中布满凌乱的残石，像圆明园的废墟。不过，这些都不足以解释它历久的沧桑和曾经的华丽。看看那些白皮的百年老树吧，它们挺拔参天，树梢仿佛可以和星斗共舞，然而它们粗壮的根爪却从建筑的顶部延伸下来，将建筑物紧紧裹住。或是门楼，或是围墙，或是墓室，与树根相抱，演绎出很多神奇的造型来。想来建造陵墓之时定不会掘地三十尺，跑到树根的下面去。如果那样，树倒，地平线消失，是必然的逻辑结果。由此可以推断，先有建筑后有树。湿热的气候可令生命的种子在墙头、屋顶萌芽，树在伸展蓬勃生命力的过程中，巨大的根系寻找着沃土，就与建筑相拥相纠在一起，造化出各种各样的形态来。于是，自然的魔力与人文的产物无法分割地融为一体。它的特色也就显现于此处。

吴哥城南4公里处的吴哥窟声名远扬，世间皆知。的确，无论从哪方面讲，它都是吴哥古迹中的翘楚。在当今的生活中，它也成了柬埔寨的象征，国旗里、钱币上都少不了它。

看吴哥窟，如同打开一件精美的神秘礼物。解开丝带，是漂亮的花纸，花纸的下面有盒子，盒子的里面是护体，护体之中才是实质。吴哥窟也是这样，绿树掩映中有城墙，城墙围着静静的护城河，过河之后有壮观的窟门，进入窟门敞亮无比，天坛甬道一样的高高通衢直直地伸向建筑主体。那耸立着的五个胖胖"笋头"的下面究竟是什么样，你需要贴近它、触摸它、体会它、感受它，就获得了它。

吴哥窟主体建筑坐东朝西，三层回廊层层向上，顶层中间以十字相接，俯瞰如一个大大的"回"字中套着一个"田"字。层与层之间皆有平坦的庭院，更有相递接的台阶。那些埃及金字塔一样的陡阶，风吹雨淋地失去了棱角，残损嶙峋。尤其是二层至三层的三十七级台阶，每磴都窄窄的放不下一只竖着的脚。要登上去，绝非易事。即使年轻力壮的小伙子，也要四肢并用才能攀登及顶。如此艰难，想来当初建造时恐怕也不是让众人攀附的。据说只有国王祭神才有资格登顶，可他一个人怎么上去呢？此说有待细究。现在为方便游人，在不破坏景观的前提下用水泥加固了一条通道，旁侧配有铁栏杆的扶手。

险峻之外是艺术的魅力。吴哥窟的第一层被称为"浮雕回廊"，场面宏大的浮雕总长达800多米。有关神话传说、图腾崇拜、宗教教义的内容，都被诠释得十分具象。每一块浮雕，都能讲出一个长长的故事。故事虽好听，但毕竟离我们的习俗、信仰太遥远。所以，艺术中那些能超越文化背景、能令心灵沟通的东西，才更勾魂摄魄、使人难忘。比如，那与建筑形影相随的天女"阿布萨娜"，就叫人心存依恋。阿布萨娜通常穿一条高棉传统中褶裙，脚踝戴两只脚链，上身裸露，双乳丰满，腰肢细窄，线条非常柔软。建筑的外墙面上，只要有一定的空间，必定雕上她。每一尊阿布萨娜的姿势、表情和复杂的头饰都有所不同，而超凡脱俗的神女气质却是一致的。阿布萨娜也成群地出现在情节浮雕中，位置在相当于天空的上部，像西方宗教画里的天使。巴云寺和皇太后陵也都有大量的阿布萨娜，已经让人感到美不胜收。但是，最漂亮的阿布萨娜还是在吴哥窟。她们姿态更鲜活，神韵更丰富，所显技艺也更精湛。

图 6-1　柬埔寨吴哥古迹

而论及吴哥窟的历史与古代及当代中国人的关系，对于拟定中的文化旅游的对象中国旅游者来说，更属于不可缺少的内容。

吴哥王朝并没有类似中国历史中类似司马迁一样的史官，没有一点儿文字资料留存下来，世上仅存的一本描写吴哥王朝盛景的书，是中国元代的地理学家、旅行家周达观所著的《真腊风土记》。周达观自元贞元年（1295）由温州港出发，奉命随元使赴真腊（今柬埔寨）访问，次年（1296）至该国，居住一年许，至大德元年（1297）返国。据所见所闻，撰成《真腊风土记》一卷共8500字。此书不但用绘画形式展现了吴哥城的建筑和雕刻艺术，还从城郭、宫室、服饰、三教等四十个门类，客观介绍了当地居民的生活、文化习俗、宗教信仰等情况。从地理角度来看，此书包含了自然地理、经济地理、人文地理的诸多内容。由于内容翔实可靠，《四库全书总目提要》称其"文义颇为赅赡，本末详具，可补元史佚阙"。《真腊风土记》问世后，便有多个刻本。几经风雨，此书的正本收入清朝的《四库全书》中，副本则流落江湖。公元1819年，在中国传教的法国人雷慕沙发现《真腊风土记》的副本。他细读之后译成法文。公元1860年年底，法国生物学家亨利·穆奥得到一本法文版的《真腊风土记》。他来到柬埔寨，按书索骥，披荆斩棘，终于将湮灭400多年的吴哥窟神秘的面纱重新撩开。

吴哥遗址与当代中国的联系，则与吴哥遗址中的周萨神庙有关。周萨神庙建于公元 12 世纪初期苏耶跋摩二世统治时期。19 世纪后期驻柬法国军官迪科在发现这组建筑时，从当地人口中得知该庙是供奉周萨神（ChauSay）的，故由法国人将其命名为周萨神庙（ChauSayTevoda）。1993 年柬埔寨政府和联合国教科文组织发起了拯救吴哥古迹的国际行动，中国工程技术人员承担了对周萨神庙的修复工作。修复工作队成员有来自研究所、高等院校、科学院、勘察设计部门的文物保护、建筑学、土木工程、考古学、地质学、化学、物理学等各方面的人员组成。经过 4 年艰苦工作，修复工程顺利完成，周萨神庙已对旅游者开放。今天来自中国的旅游者到访周萨神庙，或会有与其他旅游者不同的感觉。

（一）"宗教旅游"的分寸拿捏

可以溯往的人类早期的文化旅游中，"宗教旅游"占比不可谓不大。时至今日，这类"宗教旅游"在无论是基督教国家、伊斯兰教国家还是佛教国家，都仍有一些特殊的需求、特殊的市场，参与者数量仍然很多。比如跨越伊比利斯山从西班牙到法国南部的朝圣旅游路线，一直以来都是虔诚的基督教信众群体的向往之路。联合国教科文组织也十分看重它的文化价值，1993 年以"圣地亚哥 – 德孔波斯特拉之路：法兰西之路和北西班牙之路"（Routes of Santiago de Compostela：Camino Francés and Routes of Northern Spain）名之将其以"文化与自然双重遗产"的类型列入到《世界遗产名录》当中，2015 年再将其进行了扩展，并对其做出了评价：

> 北部西班牙的四条基督教朝圣者之路，是对 1993 年列入《世界遗产名录》的圣地亚哥 – 德孔波斯特拉之路的扩展。扩展包括了位于巴斯克自治区拉里奥哈（La Rioja）、利艾巴纳（Liébana）境内近 1500 公里的道路，还包括一些具有历史意义的遗址如教堂、医院、旅馆以及桥梁，都是为满足朝圣者需要而建的建筑。这次扩展纳入了 9 世纪时发现据信是圣雅各之墓后，通往圣地亚哥 – 德孔波斯特拉最早的朝圣之路。

在适用标准中更明确了其特殊意义："圣地亚哥 – 德孔波斯特拉之路在伊比利亚半岛与欧洲其他地区文化进步的双向交流中发挥了至关重要的作用，特别是在中世纪期间。在随后的几个世纪中也发挥了至关重要的作用","圣地亚哥路线自大约 11 个世纪前出现以来,就一直是朝圣者的聚会场所。它促进了朝圣者与他们所经过的社区之间的持续文化对话","圣地亚哥-德孔波斯特拉路线保留了所有基督教朝圣路线中最完整的物质遗存","圣地亚哥-德孔波斯特拉之路充分见证了中世纪欧洲和后来所有社会阶层和出身的人之间信仰的力量和影响。"

这样的一条著名宗教旅游路线,一直以基督教信众的一条文化旅游热线而存在。不仅旅游者个人,西班牙、法国的旅游经营者参与的也有不少。

这类的宗教旅游中,去往宗教圣地朝圣的虔诚的宗教信奉者们是以旅游出行的形式出现的,既有个人旅游者,也有旅游团队,伊斯兰教的圣地麦加、佛祖诞生地蓝毗尼,乃至西藏拉萨布达拉宫,都很容易见到。

据史料记载,中国最早成立的旅行社"中国旅行社",1933 年即经办过麦加朝圣旅游团。这类朝圣团由回教教友自行组织,中国旅行社代为办理申请护照、签证等出国手续,预订船位及进行行前指导等工作。1933 年初次参加人数为 60 人,之后数年每年办一次,1936 年人数达到 126 人。是冬启程,翌年 4 月始回上海。[①]

宗教旅游虽然说很大的一个市场、很大的一块蛋糕,但因宗教问题属敏感问题,宗教旅游的拿捏分寸并不太好掌握。以往曾有不少旅游经营者越界受到处罚的事例,自然需要他人引以为戒。因而在现行法律法规之下,旅游经营者对宗教旅游不宜投入太多精力。这样的考量多是基于文化所包含的法律、制度等方面的原因,故也是可以归并在文化旅游的短板范畴之内的。

当然,谨慎并不意味着可以将宗教旅游弃之而不顾。将参观宗教建筑放到文化旅游当中,不仅是应该,而且是必须。这是由于"宗教建筑具有唯有它们才有的独特的价值观。其中,精神、美学和文化三种价值观念特别重要,因为它们关系到如何向渴望参观或了解宗教建筑的人说明和解释"。[②] 事实上,隐于我国的一些名山大川的宗教建筑,比如崂山、五台山、峨眉山、普陀山等道教、佛教建筑,一直以来也都是文化旅游的一部分而受旅游者青睐的。

---

① 王树良,《中国旅游史》,旅游教育出版社,1999 年 8 月第 1 版第 221 页。
② 奥列格·格雷巴,《圣地蕴含的价值》,载 UNESCO《石头、文化和时间》,中国对外翻译出版公司,2003 年 9 月第 1 版第 5 页。

（二）趋之若鹜的文化旅游热

对文化旅游发展太快、发展太热的状况，西方学者也早有了这方面的担忧："文化旅游长期以来被一些专家认为有些自相矛盾。根据人类学家的说法，旅游者一般在参观异地文化时都没有做充分准备。旅游者缺乏对当地民俗文化的了解，不知道该有什么样的期盼或做出怎样的行为。这种普遍情况使为旅游者提供的文化要素变得很廉价，向旅游者介绍、讲解当地民俗的艺术品和遗产也变得很烦琐。"[①] 现实中在文化旅游热度不断增加之后，艾伦·法伊奥描述的这些事情不幸也得到了同步增长。

文化旅游热全面铺开后，文化的含义被做了任意的为我所用的解释，泛滥的"文化"一词已经是处处可见。

古街改造拆旧建新，这类问题早在20世纪80年代北京改造古文化街琉璃厂的时候就已经显现出来。但显然专业人士的呼声和社会的异议并没有起到太大的作用，拆掉真实的老街后新造的仿古街，让诸多古城、古镇、古街道倏然失魂，已然是真假莫辨。

粗疏、充满纰漏的文化旅游线路产品，也大量出现在旅游经营者的柜台。

一家旅行社的一个涵盖奥地利、匈牙利、捷克三国的旅游线路产品被冠以"波希米亚精华12日游"，并且被一个欧洲游线路评选为"最佳企划"。但这个信手拈来的"波希米亚"一词，却实在不适合这条线路。不错，波希米亚在历史上曾经是中欧的一个内陆国家，曾被罗马帝国和维也纳的奥地利哈布斯堡王朝统治过，位于今天的捷克共和国境内。但是，线路策划者完全忽略了这样一个事实，即波希米亚在今人认同的概念当中，已经与其古时的地域概念毫不相干。从1843年爱尔兰作曲家迈克尔·威廉·巴尔夫（Michael William Balfe）的著名歌剧《波希米亚女郎》（*The Bohemian Girl*）在伦敦首演开始，波希米亚一词其实就已经变成是吉卜赛的同义语了。在当时，"波希米亚人"泛指一切四处漂泊的流浪者。法国人亨利·缪尔热的《波希米亚人》一书，把波希米亚人与落魄艺术家进行了联系，对波希米亚人更有了这样的诠释："他们是孤立又执着地坚守在生活边缘的一群人，没有固定的职业

[①] 【英】艾伦·法伊奥，《旅游吸引物管理：新的方向》，东北财经大学出版社，2005年4月第1版第74页。

和收入来源，更谈不上任何社会地位，终日过着……以面包屑果腹的穷苦生活。"今天的时装界采用的"波希米亚风格"，正是采用的此词对"流浪艺术家"的引申意义。而2018年奥斯卡获奖影片《波希米亚狂想曲》(Bohemian Rhapsody)则是对此意义的再度阐释。由此不难见出，"波希米亚精华12日游"的名称是多么的不合适。

另一个西藏火车旅游，被一些旅游经营者称之为"天路之旅"或"天堂之旅"。而"天路"也好，"天堂"也罢，带给人们的联想、引起的语义延伸，都可能会有"生命的终结"的含义，这显然已经与旅游者对一次西藏旅游的期待完全不同，并不会有任何旅游者想要参加一个赤裸裸标明要终结生命的旅游的。

给旅游线路产品起名字与给家中孩童起名字一样，要注意的问题之一，就是要尽量避免名字出现歧义。孩童名字中出现歧义至多是方便了别人起外号，而对企业的产品来说就不是那么简单了，它一定会对企业产品的功效产生反作用，使企业的声名受到牵连。联想公司为何会将原有的"LEGEND"标识名称改换成"LENOVO"，就是悟出了这个道理。而旅游经营者推出的"波希米亚精品旅游""天路之旅""天堂之旅"之类的线路产品，却刚好在此犯了忌讳。

用文化来装点自己但却过于随意，常常是不少旅游经营者的一项通病。某旅行社企业将企业口号定作"天下一家"，也是十分让人疑惑不解的。因为看到这样的口号，人们的第一联想就会是"这是一个宗教机构"，第二联想则会是"这是一个慈善团体"。即使是再做十次联想，也很难将其与"旅行社"联系在一起。这类的文化瑕疵的出现，自然会影响到了人们对企业的整体认知。

文化旅游看似简单实则不易。倘以"非物质文化遗产旅游"为招徕，绝非是把旅游团直接拉到商店去买年画、剪纸和各类绣品，或者在普通旅游行程当中随意加入看一段地方戏曲节目演出一样简单。一些复杂的具体设计工作，少不得要有事先的艰辛构筑。但从以往的经验和旅游经营者的质素不均衡的状况来看，一些旅游经营者对此类产品仅仅做名称上表面化的处理也许不可避免。但是，人们仍然期待着旅游经营者们在涉及文化类旅游产品时，能够将过于张扬的功利性后置，尽量不要出现"用力过猛"的局面。

文化旅游过热，虽然带来了财源滚滚，但对文化本身的伤害也无法掩饰。世界自然保护联盟（IUCN）出版的《旅游业、生态旅游和保护区：世界自然旅游的状况和发展指南》一书，对旅游过热对世界遗产带来的负面影响，将"旅游业的负面影响"归结为七项：

- 地质财富——未经授权的采矿和采集化石活动
- 土地——土壤的移动和压实，道路对土壤的侵蚀
- 水资源——污染，藻类的生长
- 植被——践踏植被和在道路以外使用车辆
- 生态系统——栖息地的改变，建筑业
- 美学价值——乱丢垃圾，故意破坏
- 文化遗产——对文物的掠夺、践踏，未经授权的挖掘

联合国教科文组织世界遗产中心原欧洲部主席 Mechtild Rossler 也同样表达过这样的担心："世界遗产地的旅游业给世界各地的几百万人创造了就业机会，还给无数的旅游者提供了娱乐、快乐和休闲。然而，它也破坏和污染了遗产地独特而原始的环境，对当地的文明构成了威胁，而且降低了遗产地之所以成为令人向往的旅游地所具有的特色。"

这类状况的一个实例来自伯利兹。列入 UNESCO《世界遗产名录》中的伯利兹的世界遗产只有一项，那就是"伯利兹堡礁保护区"（Belize Barrier Reef Reserve System）。UNESCO 对这项世界遗产的描述是："伯利兹海岸是一处风景绝佳的自然生态系统，由北半球最大的堡礁、近海环礁、几百个沙洲、美洲红树林、沿海潟湖、港湾组成。保护区内的七处景点展示了暗礁进化的历史，是包括海龟、海牛和美洲湾鳄在内的濒危物种的重要栖息地。"

这项世界遗产，因符合世界遗产标准的 vii（包含出色的自然美景与美学重要性的自然现象或地区。）/ix（在陆上、淡水、沿海及海洋生态系统及动植物群的演化与发展上，代表持续进行中的生态学及生物学过程的显著例子。）/x（拥有最重要及显著的多元性生物自然生态栖息地，包含从保育或科学的角度来看，符合普世价值的濒临绝种动物种。）3 项标准 1996 年被列入名录。它的范围主要包括了伯利兹区（Belize District）的三处地点、斯坦克里克区（Stann Creek District）的三处地

点和托莱多区（Toledo District）的一处地点。这 10 处地点面积达 96300 公顷，基本上将伯利兹面海一面整个包含了进来。

伯利兹的国际旅游者除游轮旅游者（不过夜旅游者）之外，由空中或陆路抵达的过夜旅游者，平均在这个国家会停留 7.7 夜。过夜旅游者的六成以上的人，都是在这一世界遗产囊括的区域活动。因而，可以说伯利兹过夜旅游者中的绝大多数，无论是游泳、海钓、深潜、浮潜，都可归类在专项世界遗产旅游之列。

图 6-2　乘游船抵达伯利兹的不过夜旅游者

旅游者的大量涌入，抑或是 UNESCO 在 2009 年将这项世界遗产列入与世界遗产相关的另一份名单《濒危世界遗产清单》中的原因之一。从 UNESCO 该项世界遗产条目下的"对遗产地的威胁"（Threats to the Site）记录中我们可以查看到以下端倪："Sale and lease of public lands for the purposes of development within the property leading to the destruction of mangrove and marine ecosystems."（出售和租赁公共土地进行开发，导致红树林和海洋生态系统遭到破坏。）显然，伯利兹世界遗产的濒危正是旅游负面作用所致。

二、文化旅游与旅游者

作为一种旅游形式而存在的文化旅游，以能被旅游者接受、能与旅游者融汇而存在。因此说文化旅游的对象，当然就是旅游者。

俄罗斯旅游针对的中国旅游者,曾经很长一段时间是那种具有"俄罗斯情结"的人。这些有较强烈的"俄罗斯情结"的老人,多数是年轻时有一定文化的知识分子。多少年来,俄罗斯曾经是他们最熟悉的一个外国。他们因年轻时受到苏联文化教育、文学艺术的强烈影响,而对俄罗斯充满憧憬。《红梅花开》《莫斯科郊外的夜晚》《喀秋莎》《三套车》这些歌曲人人会唱,作家普希金、果戈理、屠格涅夫、冈察洛夫、莱蒙托夫、叶赛宁,音乐家柴可夫斯基、鲍罗丁、穆索尔斯基、里姆斯基-科萨科夫、肖斯塔科维奇,以及舞蹈家芭蕾女皇乌兰诺娃,发现化学元素周期表的门捷列夫、获诺贝尔奖的生物学家巴甫洛夫等这些名字也都能说上来。由于历史的局限,许多中国人对俄罗斯历史的粗略认识,也只是早年间看过的《列宁在十月》和《列宁在1918》两部电影。

他们的"俄罗斯情结"是否在一次俄罗斯之旅之中得到释放了呢,恐怕还是一个问号。现实经历的俄罗斯旅游对这些中国旅游者来说未必算得上圆满,因为当这些中国旅游者唱起那些苏联时期的老歌的时候,俄罗斯的导游全无反应甚至还会露出奇怪的眼光。游览斯莫尔尼宫时,中国的许多旅游者立刻就和列宁的名字联系到了一起。因为列宁在斯莫尔尼宫前接受执勤警卫盘查的一段故事,曾是五六十年代的中国语文课本中的重要一章。然而这样的一些与历史纠缠的事情,俄罗斯导游或不知道或不想提。因而,中国旅游者以"俄罗斯情结"构建的俄罗斯圆梦之旅,往往很难圆满。

图 6-3　俄罗斯圣彼得堡

随着岁月的变迁，那些有"俄罗斯情结"的中国旅游者已经渐渐老去，旅游者的主力人群变成了更年轻的完全不存在"俄罗斯情结"的一代。他们对俄罗斯旅游的着眼点，已经发生了不少变化。但是虽言变化，并非一切都已不同。俄罗斯的传统文化，博物馆、芭蕾舞，独特的建筑、教堂和广场，俄罗斯今天的人们的现实生活等，仍会对新一代中国旅游者具有强烈的吸引力。俄罗斯的文化是旅游者的追逐点、兴奋点。涅瓦河畔的圣彼得堡这座古老又年轻的城市，曾在联合国教科文组织公布的世界上最受旅游者欢迎的城市评选当中名列第八，也理所应当会受到年轻的中国旅游者的喜爱。那座作为世界四大博物馆之一的爱尔米塔什博物馆，珍藏有许多世界上难得一见的艺术珍品，如达·芬奇、拉斐尔、马蒂斯、毕加索等巨匠的杰作。在数年前因为战争伊拉克的博物馆被抢掠一空后，人们要想看美索不达米亚文化，便不知去向，而爱尔米塔什的丰富的美索不达米亚文化的藏品，便完全可以给以旅游者相关知识的补偿。苏联电影有很高的艺术水准，苏联解体后，俄罗斯人的艺术传统、艺术素养使得俄罗斯的艺术水准并没有太多下降。俄罗斯近年来在国际上获过奖、有影响力的一些电影，比如描写官商勾结野蛮拆迁的《利维坦》，就为很多中国观众所熟悉。

文化旅游对准这样的旅游者，收获自会是双向的。

（一）文化旅游对旅游者的挑剔择选

旅游不仅是一项文化行为，而且还是一项经济行为，因而一直以来，旅游都是分档分级进行的。旅游经营者通常是以价格来对旅游者进行区分，比如航空公司在对旅游者的服务中，以票价区分出头等舱、商务舱、经济舱的乘客，并且近年来又普遍将经济舱乘客再度进行细分，分成了豪华经济舱和普通经济舱。

让-皮埃尔·里乌（Jean-Pierre Rioux）主编的《法国文化史》（*Histoire Culturelle de la France*）记录了20世纪初法国富裕阶层的豪华旅游场景："20世纪初的法国的富人们，不仅有豪华游轮、豪华列车等旅游方式的选择，也有一些专属的休闲旅游目的地。蓝色海岸，这个'你在夜晚终结时将到达的梦想之地'（巴黎—里昂—地中海线的列车招贴画如是说），当时还没有发展到这种程度。那时它是专给富豪冬季聚会用的，从尼斯的内格雷斯科的草莓色的园屋顶能看到它，有棕榈树和游乐场、似锦的繁花和瓦莱里对之情有独钟的'赤裸的早晨'的纯净香气。"①

文化旅游发展早期，因其特性，不仅要求旅游者在经济上能够承受，而且要有对文化的兴趣、兴致才行。因而由土地的贵族、城市的望族和富裕的中产阶级上层构成的社会上层人群，成为文化旅游的参与者主体。彼得·李伯庚（Peter Rietbergen）所著《欧洲文化史》对此进行过分析：

  在受过教育的人们中间，哪些人能在国外进行有效的文化交流呢？欧洲哪些群体的文化更易于超越本国的国界，并使欧洲显出更明显的文化同一性呢？
  从经济和社会背景、教育条件来看，能在旅行中沟通文化的是土地的贵族、城市的望族和富裕的中产阶级上层。在这些世纪里，旅行的人（不能说全部）是社会上层；当时的条件，和19世纪末期起有大众化的交通工具、大众开始旅行的情况是不能相提并论的。由于旅行者多数是社会上层，他们所促进的文化交流也主要只在上层文化之内。②

文化旅游对旅游者的挑剔择选，是一种自然择选而非强制。通常并不会有旅游者主动要求参加一项文化旅游而被旅游经营者劝退这样的事情发生。当然特例也是会有的。房地产商潘石屹在其博客曾讲过这样一件事：几个中国房地产大佬到法国一法餐餐馆用餐，对品质绝佳的红酒一次就点了10瓶，结果不仅没能如愿，还被餐馆老板将他们撵了出来。

文化旅游对旅游者的挑剔也不是学历、文化程度的挑剔，因为学历、文化程度等这些因素并不代表一个人的真实的对文化的兴趣、对文化的理解能力。文化旅游对旅游者的要求或择选，其实十分简单，那就是旅游者对文化是否有兴趣。

我们且以马尔代夫的海滨度假旅游说明之。在各式各样旅游选择当中，类似马尔代夫这样的海滨度假旅游，相比之下是最轻松的一种选择。它不需要旅游者具有什么样的学历文化、睿智的头脑或思考能力，也不用像到埃及旅游一样，旅游者需

---

① 【法】让-皮埃尔·里乌等主编，《法国文化史》，华东师范大学出版社，2006年7月第1版第89页。
② 【荷兰】彼得·李伯庚，《欧洲文化史》，上海社会科学出版社，2004年1月第1版第344页。

要事先了解或记住古埃及的大致历史,法老、纸草画上名目繁多的埃及神的名字。即使是临时抱佛脚,也需要被迫记住一点与埃及有关的事情。若不如此,你的埃及之旅就可能会有不知所云、残缺不全的感觉。遇人问,吹牛都张不开嘴。而到马尔代夫度假则完全不同,你如果疏懒,事先完全可以不看任何旅游书、不查任何旅游资料,出发前对这个国家一无所知旅游结束时仍旧是一无所知也没什么。因为你在这个国家的度假,内容主要就是晒太阳、游泳、吃饭、睡觉。旅游者能够享受的最轻松的度假,莫不如此。

但这并不代表除却文化旅游其他类型旅游对旅游者不会做挑剔,即便是海滨度假其实也是一样会对旅游者有特别目标进行选择的,否则就极有可能造成货不对板、败兴而归。我们仍以马尔代夫为例来做一说明。

虽说一年有30多万中国旅游者到马尔代夫,但相信对"什么样的旅游者适合到马尔代夫"这样的问题,无论是旅游经营者还是旅游者本人,都没有好好想一想。许多人可能还会说这应该不是问题吧?甚或认为,这些年靠马尔代夫收了不少旅游者,投诉极少,即使是有旅游者不满,也集中在琐事安排上面,旅游者爱去,就一好百好了。

事实上世界上所有的旅游目的地,都不是尽人可选择、可前往的。一定是有更适合的旅游者,也一定会有不太适合的旅游者。刻下中国旅游者对马尔代夫的趋之若鹜,正是在一个侧面暴露出中国旅游市场与中国旅游者的不成熟。需要去、可能去马尔代夫的旅游者六神无主、茫然不知,而不该选择或暂时不应选择马尔代夫为旅游目的地的人,却显然包含了对马尔代夫的不满意度增加的隐忧。

那么,归于正题,什么样的旅游者适合到马尔代夫呢?

答案其实会非常简单也非常明晰,那就是家庭旅游者才适合到马尔代夫。这非常简单、非常明晰的道理,是随时可以经得起现实检验的。我们如果在马尔代夫细细观察一下就会发现,这个结论虽然简单但确实属于颠扑不破的真理的范畴。我们可以观察在这里享受度假生活从英国人、法国人、瑞典人、俄罗斯人、日本人、印度人、泰国人等等形形色色的来自不同国家的旅游者就会发现,这几乎是一条铁律,家庭旅游者在这里的旅游者中所占比例,应不少于90%。

马尔代夫是家庭旅游者出游度假享乐的天堂。个中原因,当然与家庭旅游者的特征与需求息息相关。家庭是人类社会的小小细胞。对个人来说，有家才有国，"家庭"远比"国家"更为重要。当然，今天世界上的家庭概念，也早已经不是原本意义上的家庭概念。同性家庭的出现并被社会逐渐认可，就显示出家庭概念的变化及多样性。但无论"家庭"概念的外延在今天的世界上有了怎样的变化，有家庭即有所谓的"家庭生活"，这是一直未能改变也改变不了的。在一个过着正常生活的、不会日日为柴米油盐的生计问题发愁的家庭，其家庭生活所包含的一个重要的不可或缺的内容，就是旅游活动。

这个问题也可以反问一句，即"什么样的旅游者不适合到马尔代夫呢？"

非家庭旅游者，大致说来都不太适合到马尔代夫。将此展宽一些，那些对家庭生活不太向往者，不是很想要体会有追求、有理想家庭温馨生活的人，或者想要寻求出轨的人，也是不太适合到马尔代夫旅游的。

中国的旅游经营者许多是把马尔代夫当作奖励旅游目的地来推广的，因而已经有不少公司的奖励旅游者出现在马尔代夫。喧闹的奖励旅游团员们或许也会玩得很开心，但是，却可能破坏到岛礁酒店的安静，影响到静享私密假期的其他客人。事实上除了中国旅游经营者，几乎没有哪个国家的旅游经营者会把喧闹的奖励旅游团放到马尔代夫。

对于中国旅游经营者来说，还有一条虽则暧昧也需注意的一个提醒是，若邀请官员出国旅游，马尔代夫一定不是一个理想的出行地，哪怕是最后一个选择也不应安排。马尔代夫的免签证政策固然给力，可以让人隐形，但因为马尔代夫这个国家的特殊性，其宗教因素必须无条件接受，对其纯自然美景的欣赏需要静下心来，在这里度假每日的主要活动就是晒太阳及水上运动。所有这些，都可能会与中国官员们大致相同的生活情趣与躁动心态产生龃龉。在马尔代夫，黄赌毒之类的东西不得见，甚至就连中国城乡满街都是的洗脚屋洗脚妹之类也全无踪影。曾见有一些官员模样的旅游者在马尔代夫无所事事、百无聊赖，后悔叹气、抱怨连连。找人玩牌，成了其日间与晚间生活的唯一消遣。

适合到马尔代夫旅游的人在马尔代夫会感到无比爽快，而不适合到马尔代夫的人来到这里，也许会觉得景色索然、生活寡淡。因而虽有自然美景，马尔代夫仍不能说是万能的旅游目的地。马尔代夫如此，其他文化旅游目的地亦无特例。

图 6-4 马尔代夫的旅游者

(二)马丘比丘的文化旅游风险

文化旅游的风险其实很多时候来自旅游者本人。近年常常遭媒体曝光的"不文明旅游",便多与文化旅游有着瓜葛。例如 2013 年 5 月,南京一中学生在埃及卢克索神庙刻字曾引发的"不文明旅游"大曝光,参加者的旅游目的地为埃及卢克索,自然可以归并在"文化旅游"的范畴之内。

因旅游者而产生的旅游风险,除了一些有意识的"不文明旅游"行为之外,还包括旅游者的诸多无意识行为上面。澳大利亚的大堡礁因众多旅游者的拥入,直接影响到了大堡礁的具体生存环境。联合国教科文组织将其列入《濒危世界遗产清单》,给出的理由中,就写明了危及大堡礁的一些原因:除了暴风暴雨、长棘海星等自然因素外,也包括了旅游、航运等人为因素。不仅是人类的体液排放,人类身体上的口红、眼影、防晒霜等,也已经对海藻、珊瑚的健康生长造成了影响。这在有关大堡礁的一些具体科学研究报告中,都已经有了明确结论。

文化旅游的旅游风险是否都是由旅游者造成的呢?当然未必。很多时候文化旅游景点管理方的说法,也未必能得到旅游者的理解或认同。

马丘比丘的文化旅游风险,依照马丘比丘管理方的说法,首先就来自旅游者。

隐藏在安第斯山脉丛林之间的印加古城马丘比丘(Machu Picchu)吸引着无数来到秘鲁的旅游者。但是,赴马丘比丘的旅游者所意识到的旅游风险,与马丘比丘管理方、经营方所意识到的旅游风险就并非完全是一回事。

旅游者所意识到的旅游风险通常会局限在外界因素对旅游者自身的侵扰和伤害方面,譬如旅游点的治安状况、自然与环境潜在危险之类。而旅游管理方或经营者所意识到的旅游风险,则更加宽泛一些,它会更多地体现在对旅游整体环境的影响方面。

马丘比丘的某些旅游风险是无论旅游者或旅游管理经营方都注意到的,这包括了旅游者的高原反应、洪水的困扰以及徒步旅游所发生的意外,等等。马丘比丘的徒步旅游因可能遭遇的山体滑坡、自然灾害等状况具有一定旅游风险,也因此受到过联合国教科文组织的批评。

马丘比丘管理经营方公布在网上明确提出的两项旅游风险,其中之一"无人机拍摄"较让人乐得接受,持无人机在此拍摄的旅游者如今已经基本销声匿迹,这一旅游风险已经基本解除;而另一风险,听起来比较奇怪、特别,那就是近年发生在该地的屡禁不止的"裸体旅游"(Nude Tours):一些旅游者会将在马丘比丘拍摄的裸照、半裸照发表在推特上面,而这些照片刺激了更多的旅游者来到马丘比丘。他们往往乘管理人员不备,迅速拍下与马丘比丘的裸体合影,随即迅速传到网上。

但马丘比丘管理方煞有介事将"裸体旅游"作为旅游风险明确列出,通常并不会被普通旅游者认可。因这种行为常常引来的是人们的会心一笑,人们多是以游戏心态来看待此事,不把它看得很严重。唯其如此,马丘比丘管理方对旅游者的此项行为具体管理起来并不容易。

马丘比丘的另外一些旅游风险,在中国的一些旅游景点也常有耳闻,虽然不被马丘比丘管理方提及,但得到了旅游者们的一致认可。这类旅游风险,就是景区的管理者过于看重旅游的利益,过度开发、破坏环境的问题。

马丘比丘作为南美四大热门旅游目的地之首、秘鲁最重要的旅游景点,自然也是秘鲁最重要的旅游收入来源保障。虽则马丘比丘旅游在1912年在希拉姆·宾汉姆(Hiram Bingham)发现后渐成旅游者的目标,但其旅游业的大规模发展,还是在秘鲁国家的政治动荡过去、经济好转之后才开始的。20世纪90年代,秘鲁对马丘比丘的大规模的旅游开发计划提出并开始实施,包括在马丘比丘山顶建设一座高档酒店、建造旅游商店和餐厅以及开发建造一条登山缆车等。虽则后来在遭遇了大规模反对之后这些项目中的一些没能进行下去,但其中的一些项目,譬如建在马丘比丘山顶入口处旁边的那座高档酒店已经不顾国际社会压力强行建成。时至今日,这座选址备受争议的酒店仍旧保持着马丘比丘价格最高的酒店的纪录。

马丘比丘大规模的旅游开发计划也曾遭到过联合国教科文组织的反对,并威胁要将马丘比丘列入《濒危世界遗产清单》中。在引来国际广泛关注后,马丘比丘的旅游开发也明显有所收敛。比如在山顶建造直升机停机坪的计划,虽然相关的许可证当时都已经发出,但也只好暂时作罢。今天的旅游者在马丘比丘山顶看到的大块山石已被移走被平整过的地面,就是准备建造直升机停机坪的地方。

在旅游业大发展的浪潮之下,旅游者要想看到原真的马丘比丘已经是一件不太容易的事情了。旅游的利润实在诱人,依照马丘比丘管理方宣布的计划,几年后,一条新建造的登山缆车,将建造在马丘比丘的一个山包上面。这类旅游发展对文化遗产地环境造成的损害问题,自然已经被旅游者视为马丘比丘带给旅游者的一个切实存在的旅游风险。

图 6-5 探访马丘比丘的文化旅游者

第七章
文化旅游与其他类型旅游的协调

文化旅游无疑是人类旅游活动中最主要的旅游形式、旅游类型,但它并不是唯一的旅游形式、旅游类型这也是不存争议的。喜爱文化旅游的旅游者并不妨碍同样喜欢自然旅游,整日工作在文物历史博物馆的人,或许对融入阳光、大海、森林、沙漠等元素的自然旅游、探险旅游兴致更高、兴头更大。

阿根廷的小城埃尔卡拉法特(El Calafate)是阿根廷巴塔哥尼亚的一个城市。它位于阿根廷湖的南部边界,在圣克鲁斯省的西南部。这座城市的名字来源于巴塔哥尼亚路边常见的一种植物,一种开着黄色花朵、结出深蓝色浆果的小灌木。这座小小的城市对于很多旅游者来说实在是太重要了,诸多旅游者都会把这里当作人生必到的重要旅游目的地。到访这里,并非是因为这里有太多的人类文化,而恰恰相反,这里长久以来都没有太多的常住居民。按照统计数字,1991年这里的常住居民不过才有6134人。随着近些年的旅游快速增长,2014年常住居民刚刚达到了2万人。旅游者到访此地的目的非常明确,那就是参加以大自然为目标的冰川旅游。佩里托·莫雷诺冰川(Perito Moreno Glacier)、塞罗 - 查尔特恩冰川(Cerro-Chartern Glacier)和塞罗托雷冰川(Cerro Torre Glacier),都是令旅游者垂涎的自然圣地。这里的冰川之美之壮观,有世界遗产委员会的评价为证:"冰川国家公园风景秀美,峰峦叠嶂,冰川湖泊星罗棋布,其中包括长达160公里的阿根廷湖。在遥远的源头,三川汇流,奔涌注入奶白色冰水之中,将硕大的冰块冲到湖里,冰块撞击如雷声轰鸣,蔚为壮观。"几乎每天都能见到的场景是,在莫雷诺冰川前面的大观景台上,专业与非专业的摄影师们架好了照相机一字排开,等待着伴随着轰然巨响的冰舌崩坍。等待这一刻并非需要很大的耐心，或许三五分钟，最迟不过十多分钟，这样的奇迹场面就会在人们的兴奋的欢呼声中倏然而至。

自然旅游的吸引力由此可见。

面对旅游需求多样化的旅游者，旅游经营者当以满足旅游者的需求为要务，将文化旅游、自然旅游等多种类型的旅游呈现于市场。

图 7-1　阿根廷埃尔卡拉法特的冰川旅游者

一、与文化旅游相对应的自然旅游

在现实生活当中，与文化旅游相对应，自然旅游对旅游者的吸引力亦非同小可。人们对自然的喜爱，从早年间的一档电视节目"动物世界"收视率始终居高不下可见一斑。媒体常常制造的"人生必去的景点"之类的热点新闻，往往是文化旅游景点与自然旅游景点并存其中。单纯的自然旅游景点的排名也每每可见，那些赏心悦目的美景照片，往往比文化历史建筑照片更为耐看、更为诱人。数年前世界自然基金会（IUCN）网站还曾公布过这样一个网民投票选出的世界十大必游之地排行榜：

- 南美洲亚马孙雨林
- 澳大利亚大堡礁

- 亚洲喜马拉雅山脉
- 肯尼亚马赛马拉野生动物保护区
- 美国科罗拉多大峡谷
- 非洲维多利亚瀑布
- 亚洲孙德尔本斯红树林
- 澳大利亚塔纳米沙漠
- 越南昆岛
- 北美尼亚加拉大瀑布

可以说，其中的每个自然旅游目的地，都会对绝大多数旅游者产生极大的诱惑。

自然旅游能被旅游者喜爱，其中包含了一个"自然的人化"及"人化的自然"的心理变化过程，西方古典美学研究中对此曾有过较为详尽的探讨。然而自然旅游虽然由文化诱导而生发，但在实际把控上，却完全不能像许多文化旅游一样随心所欲。埃菲尔铁塔、凯旋门就在那里，不管是刮风下雨、白天黑夜你到那里就能看得到；自然旅游则不同，你必须存有不能尽兴、不能如愿以偿的思想准备。欧内斯特·G.霍尔特（Emest G.Holt）在参加过一次亚马孙自然旅游后就曾发出过这样的抱怨："旅游者在书里经常读到的大蛇、美洲豹、猴子和羽毛艳丽的鸟，在这里却是见不到的。动物在一英里外的丛林里，就像在月球上一样遥不可及！航行在小河和枝枝杈杈的水道上，旅游者可以听到鹦鹉和金刚鹦鹉的粗嘎叫声，但除非这些鸟碰巧从他头顶飞过，否则他是无缘见到的。等到上了岸，如果不熟悉寻找的门径，他仍不会看见野外生灵的影子——当然，昆虫除外。就连那些巨型睡莲，尽管叶片犹如八英尺的大圆盘，却也可以安全躲藏在隐蔽的淤泥池塘里……"①

（一）自然旅游的文化思考

诚如文化旅游与文化遗产的密切关联一样，自然旅游当然也与自然遗产有着密不可分的联系。

---

① 【美】马克·詹金斯，《有待探险的世界》，生活·读书·新知三联书店，2008年12月北京第1版第384页。

将地球上的自然状貌纳入世界遗产,与文化遗产视为人类遗产的同一整体,这是世界遗产事务从初始时即显现出来的明智之举。大地书写地球的历史,万物解析自然的法则,人只是自然法则中的组成部分。

经《世界遗产公约》确定的"自然遗产"共有如下三类:

● 自然面貌:从审美或科学角度看具有突出的普遍价值的由物质和生物结构或这类结构群组成的自然面貌。

● 地质地理结构和动植物生境区:从科学或保护角度看具有突出的普遍价值的地质和自然地理结构以及明确划为受威胁的动物和植物生境区。

● 天然名胜和自然区域:从科学、保护或自然美角度看具有突出的普遍价值的天然名胜或明确划分的自然区域。

《执行世界遗产公约的操作准则》(Operational Guide Lines for the Implementation of the World Heritage Convention)对自然遗产亦规定了4个标准,标准序号与文化遗产衔接:

(vii)绝妙的自然现象,或具有罕见的自然美和审美价值的地带。

(viii)构成代表地球演化史中重要阶段的突出例证,包括生命记录、行进中的重要地貌发展的地质过程、重要的地质地貌特征。

(ix)构成代表具重要意义的进行中的生态和生物演化过程,陆地、活水、海洋海岸生态系统及动植物群落发展的突出例证。

(x)最重要和有意义的珍稀濒危动植物种的自然栖息地,是生物多样性的真实体现,它包括从科学和保护的角度来看具有突出普遍价值的濒危动植物的自然栖息地。

研究自然遗产的标准并分析世界自然遗产实际操作的结果,我们会发现,世间自然遗产的生存、生长皆有自己的特质和规则,世界遗产对自然遗产的确认注重了审美价值和科学价值这两个大的方面。审美价值比较直观,科学价值则需综合的验证。两方面并重，缺一不可。

与人类的创造物文化遗产不同，自然遗产是用自己的方式书写地球史；而冠之以"遗产"，又是以人类的判断力和鉴赏力来划定视觉上最美、生态系统最健康、地貌形态最独特的地方。人类所能认知的自然界在"自然遗产"的光谱下，可以尽数展示其本身的精彩。通过自然旅游观察、了解这些自然遗产，可以让旅游者在获取大自然的美妙质感的同时触发保护大自然的念头，以使美丽的大自然的生态面貌得以永续。

在一次与自然遗产勾连的自然旅游中，若能进行类似这样的文化思考，旅游者的收获或将是身心双重健康。而旅游经营者在开办自然遗产旅游时，本应首先具有这样的文化思考。

（二）极地旅游的文化视域

纵有十数万的高额旅费拥立的屏障，中国极地旅游近些年的增长却仍未及受阻。世界最大破冰船舶公司俄罗斯 PAV 公司中国办事处数年前在京落地，就是极地旅游在中国市场呈上升势头的一个注脚。虽说中国旅游者现在每年大约只有千把人会真正成行，与全球每年赴南极的年约五六万旅游者相比所占比例尚不算太大，但是，中国旅游市场散发出的极地旅游需求的巨大潜力，却早已是跃然纸上。

然而中国旅游者对极地旅游的含义，从人们对极地旅游所发各类感慨来看，隐忧也时时呈现。许多人其实仅仅是受到了极地旅游招徕广告的吸引，突有紧迫感压身而匆匆做出的出游决定。这当然不能算是旅游者的成熟，而只算是极地旅游经营者的推销有术。但极地旅游经营者的推销其实也并没有多么高超。这些极地旅游经营者对极地旅游的推销，形式上、路数上似乎与推销到北京攀爬长城、到海南潜水没有太大差别。针对中国旅游者放出的极地旅游诱惑，多是进行价格拆分降低直观价格，所做文章的着力点几乎都是放在"价格优惠"上面。

现阶段中国放开经营极地旅游所带给自然世界、带给人类的深层隐患，恐怕仍在于对只可列在生态旅游范畴认知并经营的极地旅游不甚了了却过分痴迷上面。痴迷当然并非只存大众层面，中国的人文学者、作家、记者从南极归来，在单调的"好啊好啊""美呀美呀"的赞美之后，归并结论就是应大力开展南极旅游，其实看上去、读起来更像是广告软文。这与国外南极旅游者在亲见游轮的浮油以及一些旅游者随意丢弃的垃圾让南极生态状况不断变差进行的反思，显然是有极大差别的。因而，对极地旅游的威胁，数量庞大的旅游者首当其冲，没有具备保护意识、绷紧环保这根弦只是一味炫富的旅游者尤其危险。

参加极地旅游的旅游者，年龄与人员成分构成也很重要，因为这往往象征着其生活阅历薄厚与责任感高下。中国对极地旅游兴趣斐然或能真正参加极地旅游的旅游者，绝大多数相对年龄较轻，社会职业芜杂，许多人不排除含有炫富的动机。这与其他国家的极地旅游者相比便多有不同。统计表明，美国、德国、英国的极地旅游者，均是以年长旅游者为主，他们多是从事与科学相关的工作的人，或对探索大自然充满兴趣。参加极地旅游，多是因对大自然的崇敬使然。

将极地旅游可能对大自然造成的威胁交由现行国际法从法律层面来进行考虑是否可行呢？答案可能也并不乐观。联合国教科文组织对南极的保护，想到的主意是确认其"人类的共同遗产"的地位，但这也只停留在价值认知上面；联合国对南极这种国际法上的"无主地"的处置是，早在1959年即通过了一部《南极条约》(The Antarctic Treaty)。《南极条约》及附属的400多份文件构成的"南极条约体系"虽对南极的开发利用提出了多方限制，但事实上却并无强制性，在处罚上一直较为含混。况且《南极条约》本身，其产生本是为了平衡一些国家提出的对南极的领土要求。历史上正是基于英国、澳大利亚、新西兰、法国、智利、阿根廷、挪威等国对占南极大陆83%的地区提出了领土主权要求，才促使了这份条约的出台。这份目前只有46个国家签署的条约，一则签署国家尚十分有限，涵盖力较弱；二则条约本身的内容，也多是一种道德呼吁与确认，执行上便也存在着诸多问题。比如，条约认为"南极应永远专为和平目的而使用，不应成为国际纷争的场所和对象"，在面临极地旅游迅猛发展的情势时，条约的这类原则与条款，窘态与尴尬自然暴露出来。

对南北极大自然的保护能否完全交由极地旅游的经营者们去做呢？这当然更不切实际。现实状况往往是这样呈现的：当法国极地学会副主任伊夫·弗雷诺认为旅游者会不经意地带去新植物种子或孢子甚至疾病，批评说"来访者加剧了南极所面临的环境风险"，智利南极协会负责人若泽·雷塔马莱斯批评旅游业者在南极地区运营大型邮轮影响了南极生态之后，立刻招致的就是旅游运营商们的激烈反击。他们首先给这些人戴了一顶"环保主义者"的帽子,然后辩解说"相比南极整个地域而言南极旅游者的数量是很少的,而且目前也没有切实证据证明旅游者对南极环境造成影响","旅游运营商们已经为自己设定了严格的环保标准,这都已经得到了各国政府的确认。"

故而可见,极地旅游因为相比到地球上其他地区旅游具有更高的唯一性、更多的利润,近些年人们所见的是旅游运营商对极地旅游的投入也越来越大,有历来认为南极归属阿根廷的阿根廷旅游经营者造南极游大型游轮的消息,也有澳大利亚旅游经营者拟在南极大陆建飞机跑道、建度假酒店的动议。

极地旅游的开展,除了旅游者的教育、旅游经营者的自律,也应有严格的国际法律规则约束才是,但这一切执行起来都不容易。地球的两极,到底每年能够容纳多少旅游者,当下亟须的是要有一个经世界各国认同的评估。

在与极地旅游相联系的一切因素当中,旅游者的力量当然还是最重要的。显示现实旅游业巨大破坏力的,可以是旅游者;推动极地旅游健康有序发展、能将对大自然的破坏力降为最低点的,也会是旅游者。

二、其他类型的旅游与文化旅游的关联

新的旅游形式、旅游类型随着社会发展、人们的兴致兴趣而出现,人们精神世界的丰富、科学技术的成就等因素,在新的旅游形式、旅游类型出现当中占了主导。随着私人汽车的迅速普及,自驾游则对应以蓬勃之势快速铺开;多年前中国旅游者还只能从电影上了解的游轮旅游,在中国反其道而行——不是从社会高收入阶层慢慢向下渗透,而是直接在普通百姓那里落地开花;太空旅游、虚拟旅游这些与科技高端、浪漫想象相连的旅游形式,似乎也是一夜间被人们了解并讨论起来。

所述这些新的旅游形式、旅游类型,其根源还是与人类文化的进步发展密切相关。因而,将其放在文化旅游的范畴内进行研究思考,仍属合情合理。同时,2005年10月20日第33届联合国教科文组织大会通过的《保护和促进文化表现形式多样性公约》所确定的平等享有原则,也为此提供了理论依据:

平等享有全世界丰富多样的文化表现形式，所有文化享有各种表现形式和传播手段，是增进文化多样性和促进相互理解的要素。

（一）自驾旅游与文化旅游

"自驾旅游"若是仅被当作是与其他旅游形式所运用的交通方式不同的一种旅游形式，那自驾旅游还是改称为"赛车比赛"才对。但现实中的自驾旅游显然与"赛车比赛"有了很大的不同。这个不同，正是因为自驾旅游表现了文化旅游的基本特征，由旅游者自行驾驶的汽车将旅途经过的旅游风景线包括村庄、城市、古迹、名胜等有机地进行了串联，自驾旅游的独特魅力由此才得以彰显。

国内自驾车旅游的兴起显然不是从旅游经营者开始的，而是始自于一些车友俱乐部。在一些车友俱乐部已经将人们自驾游的兴致点燃、自驾游已经进入到每个有车人的视野之中的时候，旅游经营者才抱着分一杯羹的心态进入到自驾游的组织者行列中来。但旅游经营者对自驾游盈利的期待自然有其合理性，即使是一些旅游经营者目前的自驾游开展得并不成功，也不能就此否认这样的合理性存在。因为如果我们细细探究"自驾游"的实质就不难发现，"自驾游"其实是由"自驾车"和"旅游"两个兴奋点搭建构成，两个兴奋点之间呈现出来的并不是一种均衡状态，而是一种倾斜状态。以旅游线路产品形式呈现的"自驾游"正是这样的一种偏正结构的内容组合，其中"旅游"的成分显然要强于"自驾车"许多。通常状况下，"自驾车"的种子只有落到了"旅游"的土壤中才会开花、结果，否则生长出来的大树很可能就不是"自驾游"，而只能是"乘车试驾"或"行进状态中的车况检测"。我们把"自驾车"的参加者称之为"旅游者"而不是"专职司机"就显示出来了这类区别。而对"旅游"的本位操作，旅游经营者显然更应是得心应手。

旅游经营者与自驾游的冲突，很大一部分来自人们对旅游经营者的单纯认识误导，通常人们认为旅游经营者就代表着普通旅游团队。这样的认识形成虽然也是来自人们对多数旅游经营者的直接接触，但其实却包含着明显的不全面的成分。单一的包价团队旅游虽然是众多旅游经营者经营的主要业务类型，但包括自驾车旅游在内的特种旅游中外历史上也从来没有被旅游经营者放弃过。因而说，旅游经营者与自驾车之间如果有冲突，并非可能是在旅游经营者与车之间，而极有可能是会由于旅游业与汽车业行业特质的差异所引发。

旅游经营者要经办或组织自驾游，首先要知道别人的优势和弱处。

以"车"为基本的话语主题，是汽车业者组织的自驾游的最主要特点。汽车业者的自驾游往往更重视对"车"的概念的体现。不同车型、品牌的自驾游，明显就是在打"以车会友"的招牌，主办者和参加者对车的兴趣，会成为自驾游团队顺利成行的主要的推动力。但是，这类起始点的自驾游，在"游"的发挥上面，却不能不说有所欠缺。在很大程度上，它只是很好地解决了旅游六要素当中的"行"的问题，而其他相关的食、宿、游、购、娱五要素，虽有所涉及，但并没有精彩的实质性解决方案，起码来说，没有让旅游者对旅游吸引物的感知更加充分；在对旅程安排的舒适度和精彩景点的深度刻画解析上，也还多欠周全。

扬长避短，是旅游经营者经办自驾游首先要考虑的问题。旅游经营者组织的自驾游用以招徕旅游者的特殊体现，应该是在"车"的因素之外的下榻酒店、途中用餐、景点安排、全程导游等要素的巧妙勾连。旅游业者应该认识到，组织那些在崎岖的道路上行驶以获得乘驾体验为主的自驾游，其实是自身的弱项，不应该成为旅游经营者开展自驾游的主攻点。而如果以远程设计、以必须乘坐飞机或火车往返为主的远地自驾车，才真正是自我优势的所在。

自驾游产品与其他旅游线路产品的最大不同，也就是自驾游最精彩、最具特色的地方，就是把旅游的"点"变成了"线"，由"点状旅游"变成了"线状旅游"。

乘坐飞机、火车旅游，旅游者是无法听到沿途当地的声音、无法用所有感官乃至肌肤去感受当地生活的。而自驾车旅游时，我们可以听到沿途经过的村庄的广播喇叭声或农妇的村口闲聊，直接购买或品尝到刚刚从山里树上摘下来的火红的柿子，看到野山坡上而非公园里的原生态的花朵和果实，呼吸到大自然制造的负氧离子含量超标的清冽甘甜的林中空气。自驾车游程当中所路过的景色，才是让自驾游参加者感到最为赏心悦目、心旷神怡的地方。而目前的一些自驾游行程安排，却只是把普通旅游团的常规游览内容与自驾车的交通解决方案叠加在一起，忽略了自驾车旅游最突出、最难得的亮色。缺少了对沿途的导游讲解和细致的沿途风光介绍，就是这方面最明显的例证。具体来说，途经云南的丽江到香格里拉的自驾游，组织方往往会忽略对沿途农作物青稞的详细介绍，忽略对美国人误把青稞晾晒架当成导弹发射架的传闻讲解以及对漫山遍野的杜鹃花和藏式建筑的特点介绍。单凭不同修养的旅游者来自我啃嚼，乐趣自然会衰减许多。从旅游者接受心理来看，旅途当中出现乏味的景观的时候，应该是导游讲述当地民间传说、故事、风俗等最好的时段，因为讲述可以增长知识、促进人们的思维活跃。目前的一些自驾游，对旅途当中的处理不够细腻是最突出的一个弱项，因而使得自驾游的特点无法多层面展示出来。

在自驾车的分类产品当中，最吸引人的还是国外自驾车，这吸引了许多有自驾车经验的人们的关注。无论是驾车穿行澳大利亚还是在欧洲疾驰，对自驾车爱好者都能产生强烈的吸引力。在美国、加拿大等国家，租车自驾可以说是最便捷也是受到鼓励的旅行方式。随着目前国际驾照的办理越来越便利，驾车游世界的中国旅游者将会越来越多。

（二）游轮旅游与文化旅游

游轮旅游、游轮经济对于今天的人们来说，都已经是十分熟悉的字眼。开展游轮旅游，发展游轮经济，已经成为不少地方从政府到企业的信念和行动。中国城市中越来越多的人，不仅知道而且已经乘坐游轮到过日本、韩国旅游。人们虽然对游轮已经不再陌生，但对游轮的探究却没有止步。而对游轮旅游的探究，仍需以"游轮文化"为主旨，将其置于文化旅游的场域中分析才最为适用。

根据钱锺书先生的同名小说改编的电视剧《围城》，故事就是由一艘法国开往中国的游轮开始的。方鸿渐、苏文纨、鲍小姐等人物，都是在那艘游轮上依次出场。当然现在来看，我们把那艘游轮称为"客轮"也许更合适。因为游轮的概念，今天已经具有了特定的意义。游轮显然是随着旅游的深度发展而进入到人们的社会生活中来的，它所承担的运载旅游者的任务，也是在人们的旅游意识提高、对航行在水面上的旅游运载工具有了越来越高的要求之下出现的。但无论怎样，我们对游轮的追根溯源，仍然会找到它的"客轮""交通船"的根源。即使是在那艘以豪华著称于世的"泰坦尼克"的底舱，我们也能找到几百名要到美国生活的"新移民"，他们显然只是把游轮当作了交通船。几十年前人们游览长江三峡时乘坐的

"东方红"号系列客轮,其实就是中国游轮的早期作品。多年来一直留在中学语文课本中的散文《长江三日》,就是一篇体验型的游轮游记。"游轮"从"客轮"的多种功能中剥离开来,成为只为旅游服务的专项运输工具,标志着旅游业有了长足进步。

正如2006年7月14日抵达广州的"哥德堡3号"木帆船的作用与260年前的"哥德堡1号"的作用完全不同一样,游轮的历史由来也还可以上溯到更远的时光。香港人、新加坡人把游轮唤作"邮轮",其实就暴露出了游轮早期部分功能的端倪。人类开展邮政的历史显然比有目的乘船旅游的历史要早得多,因而早期将包含有"巡航""巡游"意义的"cruise"翻译成"邮轮",或许也还包含着几分贴切。但从今天的船舶功能看来,"邮轮"当中的"邮"字,则明显让人有了不伦不类、名不副实的感觉。

"邮轮"的名称是伴随着以新加坡为总部的"丽星邮轮"近些年在内地的大力推销进入到中国人生活的。这家公司的业绩不仅包含将内地居民乘船旅游观念的初始化,而且也将一个"邮轮"字眼硬塞给了人们。从今天的认识上来看,这后一件事显然并不值得夸耀。因为"邮轮"一词常常会让人产生歧义联想,明显影响到了普通大众对这类产品的正确识别。一些旅游经营者不辨情由将趸来的"邮轮"二字挂在嘴边,已经让生活在标准中文语境中的人们吃到了不少苦头。每个第一次接触到"邮轮"字样的人,都会首先猜想它与"邮政""邮电部"的关系,而没有谁会把"邮"字与"旅游"扯上瓜葛。这样的无奈至今仍在许多地方延续,一些城市建造的"邮轮母港",使得人们想要将其复位在旅游的田地,还必须不断付出更多的成本代价。好在近年世界上著名的加勒比游轮、北欧游轮公司开始进入我国,他们多采用的"游轮"称谓,不仅为旅游者提供了多样化的选择,也将"游轮"一词的真谛进行了正确传播。

1997年美国电影《泰坦尼克》在中国上演的那一年,豪华游轮的旅游形式被介绍到中国来。许多喜欢尝鲜的旅游者开始登上了今天看来并不算特别豪华的游轮"太阳号"(Sun Cruise),从新加坡到泰国,开始了中国旅游者出游形式的新探索。虽然那艘"太阳号"的命运并不太好,一年后在马来西亚槟城附近海域着火烧毁,但乘坐游轮旅游的旅游形式却被人们认识并接受了。

长久以来，游轮旅游都是和奢侈、豪华、昂贵等字眼联系到一起的。欧美的许多人竭尽毕生积蓄，就为了享受一次高等级的游轮旅游。时至今日，以豪华舒适的度假为招徕的游轮旅游仍旧吸引着顶级旅游消费者的目光。定期在每年1月到4月出航的环游世界之旅，不但是游轮界的年度盛事，更被称为富人们一生至少一次的宠爱之旅。这样的航程长达103天到107天，团费则是至少要5万美金。

环球旅行的游轮自然少不得中国的一站，区域性航线的游轮每年抵达中国的也不少。从20世纪80年代开始许许多多的游轮的到访，"皇家之星""皇家之海""金奥德赛""伊丽莎白"等，已经使得我们对各国缤纷夺目的海上游轮的豪华气派有了直观的认识。自1990年之后，全球的游轮公司纷纷致力于建造更大、更新、更豪华的巨型游轮。法国建造的"玛丽皇后二号"，长达345米，高23层，几乎相当于一艘航空母舰，能够同时搭载2620名乘客。而芬兰卡瓦埃纳公司玛萨船厂建造的可载乘客3118人的游轮"海上旅行者"号，则更显得气势庞大。

2006年4月29日，目前为止世界历史上最大的客轮"海洋自由号"驶入英国南安普敦港。这艘游轮的总吨位为15.8万吨，长339米，宽56米，高72米。如果进行一个形象的比较，那么它的重量相当于8万辆轿车或3.2万头成年大象，身高超过埃菲尔铁塔。船上的甲板共有15层，总长度为11公里；船上管道有160公里长，电线总长3500公里，共安装了75万只灯泡；这艘船每天还能淡化320万升海水，制造3.5万公斤冰块。"海洋自由号"不仅是当今世界最大，其奢华程度也超乎人们的想象。这座能够容纳4375名乘客和1365名船员的"海上怪物"，其实更接近于一座海上城市了。船上有1817间客舱，每间都装有等离子电视。而船上最大的"总统家庭舱"，有4个卧室、4个浴室和1个户外漩涡浴池。在"海洋自由号"上，旅游者绝对不会感到乏味。它拥有世界上最大的海上体育馆，除健身房、桑拿室、拳击台外，甚至还有一个攀岩墙和一个迷你高尔夫球场。船尾则有一个冲浪游泳池。为制造出海浪效果，水泵每分钟能将3.4万加仑的海水打向冲浪者。船上还有10座饭店和16家酒吧。其中最大的餐厅拥有1500个座位，在4300多名旅游者中，每晚将有12名幸运儿可以被邀请到"船长桌"就席。甲板下的购物中心则有6层楼高、100多米长。那里商店林立、商品繁多，足以满足人们的购物欲望。此外，船上还有卡拉OK厅，由于隔音良好，任何在客舱中休息的旅游者都不会受到噪声骚扰。当然，那座每天都有精彩演出的可容纳1300人的剧院，即使在陆地上，规模也不算小了。

　　游轮就像浮华世界里的一扇打开的窗户，而标明的1463英镑的最低票价，则让"海洋自由号"把华贵、雍容推向了极致。但"海洋自由号"的翘楚地位只是暂时的，因为世界上游轮的发展从来都是一场豪华完美的竞赛。3年后，另外的一艘总吨位为22万吨的巨轮"创世纪"号，又再次创出游轮硕大华美的新的世界纪录。

　　游轮越造越大、越造越豪华，是因为背后有一个巨大的市场需求。在欧美许多国家，游轮旅游多年来在旅游市场中一直是畅销不衰，尤其是美国更过明显。美国人是世界上最喜欢乘坐游轮出外度假的人，从每年到中国来的游轮的客人构成就可以看出。每次游轮抵港，走下船来的永远是美国人最多。英国人也十分热衷乘坐游轮，据统计，每年有超过100万英国人会乘坐豪华游轮出游，这比去滑雪度假的人还多出不少。

　　人们喜欢乘坐游轮，不仅是因为许多西方人自觉把这种旅游方式看作是传统，也是因为游轮旅游有不可替代的诸项好处。

　　旅游者在一次旅行中，最疲劳的时候大都是旅行途中在乘坐的交通工具上。而有了豪华游轮，旅途的疲劳则毫无疑问会减轻许多。另外，游轮尤其是大型游轮，像一个活动的小世界一样，会让人们时时都有真实的休闲度假的感觉。比如美国人十分喜爱乘坐的那艘豪华游轮"七大洋水手号"，常年游弋在世界游轮最发达的加勒比海地区。游轮上饭店、咖啡厅、图书馆、电影院、娱乐场和体育馆等设施应有尽有，这些自然很对喜欢豪华享受的美国旅游者的脾气。可以说，享受高品质的生活，会是乘坐游轮旅游的人们的一项大收获。

　　阖家一起出外旅游，乘坐游轮绝对是一个不错的主意。家人在船上团聚，其乐融融，充满着家庭的温馨，而且也不必担心小孩会走失。吸引小孩子上游轮，其实也是各家游轮公司的一项侧重点。标榜"我们不是水上旅馆，我们是您水上的家"的迪士尼游轮相比之下做得就更加专业。他们让参加迪士尼游轮行程的旅客，把旅程当成是一次充满梦想的迪士尼世界的水上遨游，独具匠心的设计在船上会处处得以体现。即使是在用餐的时候，船上的工作人员也想方设法施展着魔术，让用餐变成一场美食表演。餐厅中到处都可以见到迪士尼最著名的卡通人物，欢快的乐曲中，大名鼎鼎的米奇和米妮也盛装来陪着小朋友一起用餐。这样的旅行，怎会不讨小朋友欢心！

游轮旅游吸引年轻人的地方，不能不提的还有两个字，那就是浪漫。辽阔的大海、舒适的环境，再配上优美的音乐和美酒佳肴，正符合了催发爱芽、滋润恋情的必要条件。当然，并非人人都会有艳遇或想要追求艳遇，但新婚蜜月、鸳梦重温的人们乘坐游轮，则绝对是一个正确的选择。

游轮旅游不断释放出来的巨大诱惑力，在现实世界中并没有取得无往而不胜的效果。许多人对游轮的倾心，常常会止步在对船行安全的考虑上。毕竟那艘曾被人们骄傲地称为"永不沉没的巨轮"的"泰坦尼克"号，也是以沉没的结局停留在人们的记忆之中。而不少中国旅游者乘坐过的"太阳号"游轮，也是眼睁睁在人们的注视下沉入了大海。虽然那艘船上的人们在船慢慢沉入海底之前都得到了及时的安全转移，但沉船那一刻带给人们的恐惧却已经深深植入了心底。尤其是关于那艘船的沉没原因的种种离奇传闻，更加重了人们对游轮安全的担忧。近年来游轮的安全事件，也似乎总在出现。2006年3月23日，美国的"星光公主"号豪华游轮在加勒比海域航行时发生火灾，造成船上1人死亡，11人受伤，100多间客舱被烧毁。失火的游轮为总部设在迈阿密的美国嘉年华公司所有，船上共有2690名乘客和1123名船员。当时这艘游轮正从加勒比海的开曼群岛驶向牙买加港口城市蒙特哥贝。美国嘉年华公司说，火灾是在当地时间凌晨3时突然发生的，游轮当时立即通过广播叫醒乘客，并采取了紧急疏散措施。美国近年出现的另外一起游轮安全事件发生在墨西哥湾。根据美国有线电视新闻网当时的报道，一艘大型豪华游轮在驶离美国南部佛罗里达州卡纳维拉尔港后在海上突然向一侧严重倾斜，造成近百名乘客撞在栏杆等硬物上受伤，不少人骨折，其中16人伤势严重。据报道说，这艘可搭载3100名乘客和1200名船员及服务人员的游轮才刚刚下水一个月。事故原因是这艘游轮的方向舵出了问题，因此造成突然严重侧倾。欧洲近年发生的一起游轮事故出现在英国近海，一艘载有462名乘客和246名船员的塞浦路斯游轮在航行到离英国南部海岸比奇角大约30公里的水域时发生火灾。船上人员几个小时后才将火扑灭，所幸事故中无人员受伤。

诚然，在科技高度发达的今天，人们为游轮处心积虑的安全考虑，可以说已经是十分完善。但是人们也无法否认，高度发达的科学技术，却未必敌得过运行在自然时空中的偶然。旅游安全事件的发生，还有人们惯有的对安全轻视的原因，这相比技术的全面提升来说，就显得更为可怕。历史上的那个"泰坦尼克"的悲剧，在此方面已经为人们留下了深刻教训。

"泰坦尼克"号是如何造成1512人的死亡的？人们通常会说成是因为游轮撞上了冰山。但是，在深入探究之下，我们就能发现这种说法并非完全正确。1912年4月15日，当载着1316名乘客和891名船员的豪华巨轮"泰坦尼克"在大西洋航行时，突然与冰山相撞最终造成重大伤亡的最重要原因，其实是由于船上没有带足救生艇。当时船上所带的救生艇只有20个，全部坐满也只有1178个座位。杯水车薪，根本就无法起到保障全船乘客安全的作用。

"泰坦尼克"号没有将救生艇带够，这在法律层面上，其实已经犯下了程序错误。虽然后来有人认为这并不违反英国的当时规定，因为当时的英国法律规定的救生艇数量不是基于乘客数，而是基于船的吨位；当时救生船的目的不是用来装下全体乘客、只是用来从一艘下沉的船上转移乘客到另一艘救援船上。但是，没能准确考虑到乘客的逃生需要，则暴露了船方对乘客的旅游安全不应有的轻视。

"泰坦尼克"号的事故极大地震动了世界，在它沉没后的第二年，伦敦就召开了第一届海上生命安全国际大会，人们开始检讨原因并制定新的规则。会上通过的国际条约，强制规定了所有的载人船只应该有足够的救生船来装载所有在船上的人，并且要进行适当的相关训练；无线电通信应该24小时开通，并且要加上一个二级备用电源，这样就不会漏掉呼救的信号；为保证及时获救，船上发送的任何火箭都必须被解释为一种求救信号；大会还决定立即成立国际冰山巡逻队，提醒在北大西洋水域航行的船只绕开冰山行驶。这个组织从那时至今，包括它的下属部门的美国海岸警卫队，一直都在对北大西洋的可能威胁航船的冰山进行着检测和报告，冰山撞沉游轮的事情再也没有发生。

影响游轮安全航行的技术原因、自然原因逐步得到消融化解后，人为的原因却随着近年来国际局势的恶化而有了提升。尤其是来自恐怖主义的风险，也许比大西洋的冰山来得更加可怕。这在以往并不突出的问题，今天却成了乘坐游轮的人们不得不考虑的问题。"海洋自由号"首航，采用的是英国皇家无敌舰队的全程护航。但这显然不是长久之计，面对恐怖袭击的威胁，游轮的海上安全尚没有更好的应对办法可以施展。

从游轮的发展历程不难看到，游轮旅游在西方社会从兴起直至今天，主要面对的是高端市场。其游轮旅游的线路产品，也主要依照社会中的高收入阶层的口味排定。在相当长的一个阶段，参加游轮旅游，甚至成为社会地位、经济能力的一种客观标识。但是，高端市场毕竟在社会中人数上并不占优。随着游轮旅游的快速发展、游轮制造工艺的不断提高，以及富人阶层参加游轮旅游的示范效应，游轮旅游开始向中等收入的人群覆盖也是一种必然。如今的欧美社会，已经有了一大批中等消费水平的游轮，不断向中档消费人群提供着适宜消费的产品。短天数、低价位的游轮产品已经颠覆了游轮旅游高不可攀、价格昂贵的传统形象，适合大众消费的游轮产品，已经让越来越多的人变成为游轮旅游的追逐者。

十分有趣的是，中国大陆的情况却是刚好相反：游轮进入中国大陆市场，走的是与欧美国家刚好相反的道路，并非是从高端入手的，而是首先在中端市场释放出来让人们结识、取得人们的广泛共鸣后，然后才有高端市场的介入。

这种状况并非来自人为设计，而是因为距离中国内地较近的中国香港和新加坡游轮公司发挥出来的地域优势。中国香港和新加坡的游轮产品，在当地销售当中，也一直是将主攻点定位于中档人群，在开拓中国内地市场的时候，他们进行的是产品延展而非产品升级。因而在内地许多城市的旅游经营者柜台，东南亚游轮产品一般在七八千元人民币就能买到，与中档大众旅游者的消费水平十分贴近。

在东南亚中档游轮产品已经成熟、人们的游轮旅游意识也日渐成熟以后，步东南亚游轮公司后尘而至的加勒比和欧洲游轮公司，看到的是一个越过了普及知识阶段、逐渐走向成熟的游轮市场，很有些坐收渔利的感觉，开始向中国大陆抛出了顶级的游轮产品。但因其产品定位与东南亚游轮形成了较大差异，因而并不存在互相争抢客源的问题，反倒促成了大陆游轮旅游市场的中档、高档的分级成熟。

中国大陆不同群体对游轮的熟悉，带动了游轮旅游的持续旺销。但是，中国旅游者的消费习惯与情感好恶，却始终没有被游轮公司认识到。举例来说，无论哪一条游轮，上船后的船方要求乘客参加的第一项活动，总是在甲板上进行的安全演练。这样的演练，对于乘船者的安全保障至关重要，每一位登船的外国旅游者都会十分认真听取船上服务人员的解说、跟着去做每一个动作。而到这样的队列当中找找看，一定会鲜有中国乘客的身影。这显然并非因为中国乘客更加勇敢，而是暴露出中国旅游者的安全意识淡薄。

中央电视台曾有过对中国旅游者的采访，问对乘坐游轮的最深印象，结果是几乎每个人的回答都一样，那就是游轮上的餐食。这样的回答固然不错，但也暴露出多数中国旅游者的习惯和兴趣。游轮上的酒吧间，常会有外国的老年夫妇就座，但中国的老年夫妇绝不会光顾这样的地方。美国的老年夫妇在游轮上面一住两三个月也不会感到枯燥，但中国旅游者也许住上超过一周时间就会感到憋闷。

中国人的生活习惯与游轮旅游之间的差异虽然不大，但指望通过一次游轮旅游来将中国旅游者的习惯进行实质改变，则一定是不切实际。游轮公司要想争取更多的中国旅游者参加游轮旅游，自身的适应性的改变还是十分必要的，而不能期望将这种改变只放在中国旅游者的身上。

游轮的出现，为人类游走地球提供了一个高品位的选择。成熟起来的中国旅游者游走地球，一定会有越来越多的人选择游轮。这是一个大势，也是一个会让游轮公司开心的结局。

图 7-2　参加游轮旅游的旅游者

(三)虚拟旅游与文化旅游

虚拟旅游从名称上的"虚拟"二字就直接代入了人类的思想、人类的文化。从文化旅游角度论及虚拟旅游,其实是对飘荡在网络空间的虚拟旅游的一种落地还形。

谈虚拟旅游的问题不妨从电影《2012》的副产品虚拟船票一事迂回切入,因为这也许更容易让我们的思绪开阔一些。好莱坞电影《2012》上映时现实世界出现的一个直接效应,就是"2012方舟船票"开始在网络热卖。国内百多家网店齐齐开办的这种兜售虚拟船票的网络交易,吸引了成千上万人的热烈参与。暂且不论此事的情感体贴、心理抚慰等意义,这件事所能提供我们的一个切实认识就是,虚拟世界的东西已经与我们生活中许多人的日常思维及行为产生了密切关联。

从本质来看,虚拟旅游其实也不能完全算作是网络时代才有的新鲜东西。在久远的人类历史文化长河里,不难找到它的影子。如果宽泛而论,古人的坐游、卧游之类诗意栖居所发感慨,其实都可以看成是人类虚拟旅游心理诉求的原始起点。对中外人类文明进程进行简单检索即不难发现,虚拟旅游的幻想,在人类童话、神话、民间故事及科普作品里可以说俯拾皆是。

与古人的坐游、卧游相比,形象思维的东西在网络化的虚拟旅游中得以弱化。这虽则是比较遗憾的事情,但也是一种无奈。而抽象思维下的具象事物的清晰,则无疑使它具备了贴近网民的务实风格。这也许正是对位于现代生活的紧张节奏、适应了人们对超越自身能力的旅游需求的一种期待。

随着网络的飞速发展、技术手段的日益更新,从普通固化照片、简要文字说明导览起步的虚拟旅游,今天已经与以往有了很大不同。三维实景图片、电子地图、即时视频等先进的技术手段,已经将虚拟旅游推向了一个崭新阶段。其趣味性、实用性,既与早期粗糙技术时代不可相比,也较现实世界里的实地旅游又多出了一分随心所欲的任意性。能够受网民推崇,随意性体现出来的省时省钱的表征,当然是虚拟旅游的一个最诱人之处。

网络时代的虚拟旅游,游戏化是其中最突出的一面。虚拟旅游的程序设计人员对此十分清楚,因而现实网络中对虚拟旅游的设置,通常都是从游戏化的结构、入门通道进入的。游戏的心态是一种放松的心态，进入虚拟旅游网页的人无论是在无目的地闲逛还是有意识地寻找，都应该不会有被束缚的感觉。而有销售功能的虚拟旅游网站，亦是在这样的攻心战中，以循循善诱的引导，诱惑着人们不断深入直至点击下单。

现实中一些目的地网站许多是将网上虚拟旅游直接变身为网上旅游购物，或链入旅游企业的销售平台，或直接以"旅游超市"的形式，让购物者自由完成产品的拼接组合。这其实正是一些较成熟的酒店销售网乐于采用并早已采用的办法。比如专事世界各地酒店房间销售的 TripAdvisor 网站，就会将城市地图、主要景点甚至游览线路推荐放在目的地信息内，让人们在选择酒店的同时顺便对目的地境况有一个多侧面的了解。

然而虚拟旅游是否一定会转化为实地旅游呢？这恐怕又不能简单用"Yes"或"No"来做回答。我们的一些旅游目的地网站想当然地将此当作必然，直接确立相应的功利性目标，则显得有些许莽撞。现实能够肯定的答案只能是这样：虚拟旅游定会增强实地旅游的出行可能性，对虚拟旅游的点击极有可能会体现在现实中，转化为实地旅游的动因。

虚拟旅游能够让人们实现梦想的同时，往往也会轻松地将文化知识、人类传统、人类普世价值观等一并供人们吸纳。联合国教科文组织世界遗产委员会显然是悟出了这其中的道理，数年前他们就与谷歌公司开展合作，提供了部分世界遗产地的谷歌街景视图，吸引人们在完成"世界遗产虚拟旅游"的同时，增进对于世界遗产的了解，鼓励人们积极参与保护世界遗产的工作。按照这项计划，谷歌派出了拍摄车前往西班牙、法国、意大利、荷兰、捷克和英国的一些世界遗产地，拍摄了近似球形的全景图（横向360度和纵向290度）。这些图片目前都已被纳入谷歌地图以供公众浏览，从而方便了浏览者虚拟完成个人的世界遗产地之旅。谷歌还特别表示，按照教科文组织的建议，将陆续访问和拍摄其他的世界遗产地，特别是那些公众不能很方便游览的世界遗产地。谷歌的这一决定，又刚好映照出虚拟旅游的一个夺人亮色———那就是无远弗届。

法国的雅克·阿塔利很看好虚拟旅游在本世纪的推进，他预言："虚拟旅游将是未来最大众化的旅游形式。它使人们可以躺在床上周游世界，每天去游览一个不同的有声响和图像以及慢慢具有气味和触摸功能的三维世界。这些虚拟旅游不仅有助于极限旅游的普及，而且还能避免交通拥堵。"①

三、文化旅游与其他类型旅游的协调

一年近 300 万旅游者到访的秘鲁库斯科（Cusco）古城，旅游业自然是这座城市中不愁生意的一个行业。并非城市广场周边、城市景点附近，即便是在这座城市的大街小巷里，旅游经营者的门脸也随处可见。到访库斯科的旅游者，几乎都是以散客形式呈现，下榻的也绝大多数都是那种当地的几十个房间甚至十几个房间的小酒店，这样的市场形态决定了库斯科的酒店经营者、旅行社经营者的形制都呈中小规模。这些中小旅游经营者，能够吸引旅游者的一个重要优势，还在于这些旅游经营者会有各种神通，从马丘比丘的门票到火车，旅游者在网上订不到时，这些旅游经营者往往都能搞得定。他们向旅游者提供的各类旅游线路产品，像餐桌上的荤素搭配的几道菜，从马丘比丘到周边多个景点，有印加古道文化旅游也有丛林观鸟自然旅游、亚马孙探险旅游。看上去琳琅满目、美不胜收，正在于各种类型的旅游在真实的社会生活中原本就是和谐统一的，分类本是人为的结果。

图 7-3　秘鲁库斯科街头的旅行社

文化旅游与其他类型旅游的协调，其实无须刻意，它是一种必然。

---

① 【法】雅克·阿塔利，《21世纪词典》，广西师范大学出版社，2004年4月第1版第241页。

英国作为世界上独一无二的特色国家，可以说从来不缺少对旅游者的吸引力。那本被誉为"旅游者圣经"的 LONELY PLANET《英国》一册开卷就这样告知旅游者：

"从南部优雅恢宏的坎特伯雷大教堂，到北部高耸入云的爱丁堡城堡，穿过威尔士绵延的群山、科茨沃尔德地区如画的风景——其景观令人惊叹的多样化是旅游者来英国旅行的一个主要原因。城市里遍布着顶级商店、餐厅以及世界级的博物馆，前卫的夜店和举世闻名的剧院为你奉上无数个难忘的夜晚。而在第二天，你又将置身郊野、群山之间，或是在绝赞的海边度假村里享受一番。在英国，不管你是 8 岁还是 80 岁，独自旅行还是结伴出游，带着小孩还是挽着祖母，都能找到专属的乐趣。"

可以说，旅游者读到这些文字，就很难不会为英国动心。而一次到访教堂、城堡、群山、风景的旅游，硬要被切割为文化旅游或自然旅游，未免会显得呆板做作了。

（一）海洋旅游与文化旅游的兼收并蓄

"海洋旅游"曾在 2013 年很热闹过一会儿，缘由在于这年被定为"海洋旅游年"。与此相关的是 2009 年联合国对"世界海洋日"正式确认时，厘定的主题为："我们的海洋，我们的责任。"将"海洋"与"责任"相连，标明了在地球上拥有强势地位的人类的一种理性思考、一种归真认识。而对"海洋旅游"的探究，更容易让"我们的责任"这一问题凸显出来。

"海洋旅游"概念自有它的本真意义，也有它的核心价值。诚如"生态旅游"一样，生态旅游并非是指成帮结伙的旅游团蜂拥到自然生态尚未遭到现代社会摧折的水泊、高山、森林去旅游，恰恰相反，它的内核是对人类肆行无忌行为的反思和对与人类息息相关的大自然的尊重。"海洋旅游"也是这样的一个概念，它的起点，应当是人类对世界、对自己的一种深度认识、一种反思，对惯常的人类中心论认知的一个怀疑、一个否定。

依大视角而论,"海洋旅游"概念既可以有自然旅游的属性,也可以有文化旅游的属性。数千旅游者扎堆的游轮旅游或熙熙攘攘喧嚣鼎沸的海岛旅游,都属于其文化旅游属性的群众性展演,虽有价格高低的区分、成团人数多少的不同,但都没有太多文化价值的附加。以文化旅游属性面貌出现的海洋旅游,当然也一样可以有极高价值而充满诱惑。获得过奥斯卡最佳外语片提名的挪威电影《康提基号》(*KON-TIKI*,或译《孤伐重洋》)的故事,或能增加我们对此问题的理解。因为要证明波利尼西亚人的祖先并非东方人而是南美人,一行人复原几百年前古代人的做法,用原木加绳索制造了一个仅靠船帆而无任何机械动力的木筏子,从秘鲁出发,历经重重险阻,甚至险些葬身鲨鱼之口,最终漂洋过海抵达了目的地波利尼西亚,以亲身体验完成了科学推导。海洋的无比美妙与几多凶险,人类的智慧进步与信念秉持,可以说在《康提基号》这部电影中都得到了充分展示。海洋与长达数万年的人类文明发展进程息息相关、密不可分的文化魅力,与人类的陆路文明互为对应,也在这样一次现代人的"海洋旅游"当中,得到了确证。片中的男主人公悟出的道理发人深省:"古人不把海洋作为障碍,而是作为交流手段。"

当然,"海洋旅游"的"海洋"两个字已然厘定了"海洋旅游"的自然旅游属性更其重要。既属自然旅游,那么,现代旅游者作为当代人,首先就是要有对海洋的基本了解和认知。与辽阔的海洋相比,人类居住的陆地显得太小了。转动地球仪不难发现,不仅日本、海南岛或澳洲大陆是一个岛屿,即便是欧亚大陆、非洲大陆、美洲大陆,也都是在海洋的包围之中。地球表面积约5.1亿平方公里中,海洋占71%,而陆地只占了29%。不仅是面积差距,与数也不尽每年都有新发现的生活在海洋里的生物种群相比,人类也尽可以算是数量极为有限的生活在岛屿上的一个物种。对海洋始终保持尊重和敬畏,是今天的人类必须保有的虔诚。否则,就会付出巨大代价。目前为止,人类生活在地球上所遇到的最大灾难,均来自海洋。比喜马拉雅山还要高的滔天海啸巨浪无情袭来,人类完全无从躲藏、无从抵抗,这正是《2012》那部电影留给观影者的最深印象。善待海洋,与海洋友好相处,是今天的人类虽则整体沉沦但却愈来愈清醒的一个认识。近年来,人们关注的与环境有关的问题,首先就是海洋环境的问题。人类的过度消耗、过度活动造成的海平面上升问题,已是世界气候大会连年的重要议题。联合国世界旅游组织的网站上,"气候变化与旅游"（Climate Change & Tourism）的专题放在显要位置，表明了具有自我救赎能力的人类的意识清醒。另一个联合国机构，联合国教科文组织，他们与全球193个公约国一道已经琢磨了近50年的"世界遗产"，近年来所做的一项特别努力、特别关注，是世界遗产中的"海洋海岸"类型的缺位。不难见出，当今国际社会对海洋问题的关注，已经早已超出人类视角，建构起全新的地球视角。

在对海洋环境的保护上，不能不提的一个重要方面，一定不是旅游如何拉动经济的行业辩解，而是从人类与环境的宽广视角观察到的现代旅游对海洋的环境所起的负面作用。联合国环境开发署和海洋保护协会几年前曾做过一个调查，结论是正是由于现代旅游业的发展与快速增长，才造成了地球上海洋中的垃圾的成倍增加。从调查来看，在地中海一些旅游地区，海洋垃圾总量中的75%，来自夏季旅游旺季，无疑均属于旅游业的贡献。约旦的调查结果更是说明了旅游对海洋环境造成的负面作用：约旦67%的海洋垃圾，皆来自旅游业。而人们或许以为更严重的港口运输业制造的海洋垃圾，则连旅游业的一半都不到，只占30%。由此可见，在探究"海洋旅游"的时候，谈及我们对海洋的责任，着实是有的放矢。

时下所谈"海洋旅游"，在中国可能引发人们的一个联想，就是30多年前国内的思想界曾经有过的一次中华民族由"黄河文明"向"海洋文明"的思想与行为的历程追溯。虽然那部名为《河殇》的电视片也曾让一代人激动不已，但现在看来，以民族崛起为认知基点所做的海洋认知，还是浅显了些，且与当今世界对海洋的认知，还有不小的距离。

美国旅行家西蒙·温切斯特（Simen Winchestor）曾在《有待探险的世界》（Worlds to Explore）一书的序言中期待过，原本是人类"因为对大千世界的浪漫想象，因为渴望行走天下、享受冒险乐趣而做的旅游"，在现代社会，"应当、能够也必须以某种面貌或形式得以复苏"。① 而若是有此认知深度、有此宽广胸襟，"海洋旅游"的格局，恰好可以担当此任，原因在于海洋旅游"它在表面之下还蕴藏着不可估量的宝贵价值"。

旅游作为人们的一种精神活动、精神享受，必然会与人类的思想产生诸多联

---

① 【美】西蒙·温切斯特，《有待探险的世界》，生活·读书·新知三联书店2008年12月北京第1版。

系。我们若对海洋旅游的意趣进行把玩、探究，则不难发现，"海洋旅游"其实一直就是一个意趣相连的概念。若对这种意趣做进一步解析则是：人们只有领悟到海洋旅游之"意"，方能让海洋旅游之"趣"有所附着、有所依托。人们不应让"海洋旅游"这个灵动的概念，这个本可与人类精神相通的概念，仅变成一块随风浪漂荡在茫茫大海中的浮木。海洋旅游与文化旅游的兼收并蓄，才是应力求达到的结果。

（二）火车旅游如何体现文化旅游的特性

回溯人类旅游发展史我们不难发现，其实世界上最早的旅行社托马斯·库克可以查阅的最初一单生意，就是以火车为运载工具进行的：1841年7月5日，托马斯·库克包租了一列火车，将570名游行者从英国中部地区的莱斯特送往拉巴夫勒去参加禁酒大会。世界旅游史没有将此事归结到"火车旅游"的范畴，显然与人们对"火车旅游"的大致共识有关。

火车旅游在20世纪60年代，随着欧洲的国际旅游迅速增长而迎来高速发展时期，相继开通的跨欧国际列车，有"马德里—巴黎""巴塞罗那—日内瓦""米兰—汉堡""巴黎—哥本哈根""巴黎—杜塞尔多夫"等多条路线。歌舞、餐食、举世闻名的景点、华丽的车辆装潢、舒适的乘住条件，这些特点将"豪华旅游列车"的概念呈现在旅游者面前。

中国初识"豪华旅游列车"也不算太晚。20世纪80年代，中国的一家旅行社与美国社会探险旅行社合作，曾面向美国市场推出过行进在北京、洛阳、西安、南京、苏州、上海之间的"豪华旅游列车"。列车采用的是从原东德进口的豪华软卧车厢，红木内饰、丝绒窗帘、黄铜门把手，每个包厢上下两张床，每两个包厢之间有一个淋浴间，另有餐车随行。这列豪华列车不仅作为外国旅游者的城市间交通工具，而且也当作酒店之用。白天旅游者下车游览，晚上回到车上后火车开动。次日一觉醒来，火车已经停在了下一个旅游目的地城市了。

豪华旅游列车的发展达到高位，应该是1989年南非的"非洲之傲"（Rovos Rail）列车的出现。

"非洲之傲"列车向世人展示了真正意义的世界顶级火车旅游方式：奢华的木

制车厢,每一节都是经过能工巧匠之手复原,具有古典列车风貌;五星级酒店的标准方式安排的美食美酒;车窗外闪现的总是令人难以置信的壮美非洲景色。列车为乘客再现了逝去的殖民年代所特有的浪漫氛围,让尊贵的乘客以一种放松和优雅的独特方式来体验神奇梦幻的非洲。列车将非洲一些无与伦比的旅游目的地连接在一起,从非洲大陆最南端的好望角到坦桑尼亚的达累斯萨拉姆,从风景绮丽的南非野生动物天堂姆普马兰加到世界自然遗产维多利亚大瀑布,从纳米比亚震撼的沙漠到生机勃勃、郁郁葱葱的夸祖鲁纳塔尔无垠的甘蔗田。车程的不同阶段,将分别采用蒸汽机车、内燃机车或者电力机车牵引,最多可以搭载 42~72 位贵宾和最多 36 间套房。列车将从首都公园私家车站这个高贵、优雅且具有历史意义的私家车站始发,开始一段令人终生难忘的奢华旅程。

"非洲之傲"列车赢得了旅游者"铁轨上的游轮"或"流动的五星级酒店"的称誉,美国《国家地理》(*National Geographic*)杂志也因其如下 12 个与众不同之处,而将此列车评为世界十大豪华列车之首:

- 拥有私人专属火车站。
- 出发时乘客们在站台上享受现场演奏和红地毯的待遇。
- 包厢内房间的宽敞程度相当了得。
- 包厢内的大床不需要折叠起来节省空间。
- 包厢内有小型迷你酒吧,同时车上配备有雪茄吧、小型图书馆和小邮筒,还在休闲车厢提供下午茶。
- 24 小时贴身服务随叫随到,还提供免费的服装熨烫和有限洗衣服务。
- 每个包厢内均有独立的卫生间,有浴缸和 24 小时热水。
- 列车中的餐车有充足的地方可以供所有贵宾同时用餐,无须预订或等候位子。
- 列车的奢华程度还可体现在贵宾无须为膳食担心,旅途中包含全部丰盛自助英式早餐、名厨料理的午晚餐(全套菜单)。餐后贵宾们还可在酒廊和观景台交友畅叙。
- 贴身服务细致入微,提供 24 小时的客房服务。

● 列车的尾部为全景展望车厢，车厢后端是甲板式眺望台，经常会有羚羊、鸵鸟一类的野生动物出没在铁路两侧的原野上。

● Rohan Vos 先生会亲自在起始站台上迎接每位贵宾的到来。每位乘客也将获得 Vos 先生亲笔签名的独特证书来见证您乘坐过世界上最豪华的列车。

"非洲之傲"列车可以说从名字开始，就注重了文化旅游的特性体现。这一类的实例还可以从维也纳往返布拉格的火车找到。来往于"世界音乐之都"维也纳与"欧洲文化首都"布拉格之间的火车，名称全部采用了举世闻名的大音乐家的名字来命名："贝多芬号""肖邦号""莫扎特号""施特劳斯号""德沃夏克号""斯美塔那号"，仅是这些如雷贯耳的名字，那强烈的文化质感，可以说就已经是随同飞驰的列车扑面袭来。

火车旅游体现文化特性的另一个范本来自日本。日本东日本铁路公司有一个专为旅游者设计打造的"开心主题列车"（Joyful Train）系列产品，其官宣这样告知旅游者："开心列车每次乘坐都会收获好心情""对我们来说列车不仅仅是移动手段，让旅游者们把'乘车'当作旅行的目的，这才是我们努力的目标。"

"开心主题列车"系列中每一趟列车，都以文化为核心进行了崭新包装。以下是"开心主题列车"其中的一些列车介绍：

● FruiTea 福岛号：该车是以"奔驰的咖啡店"为主题的列车，在车内可以一边享用福岛县水果的原创甜品和饮料，一边在优雅的环境里欣赏车窗美景或是聊天等，度过这轻松自在的休闲时光。

● HIGH RAIL 1375：该列车运行的小海线，沿线有很多值得观赏的景色，如眺望高原和八岳、欣赏由日照时间和温差造就的自然风光、仰望美丽的星空等。拥有离"天空"很近的自然环境，在 JR 线路中属于高海拔的"线路"，基于离"天空"近的线区特点，我们打造了"离天空最近的列车"概念。

● 伊豆（IZU）CRAILE 号：伊豆（IZU）CRAILE 号是一列时尚、高雅的度假列车。窗外是大自然的美景，车内不仅可以享用由伊豆本地食材烹饪的原创料理与美酒，同时还可以与亲朋促膝长谈，尽享轻松、自由的时光。列车的外观设计既保留了 651 系列特快型列车的雄伟强壮，同时融入"女性、柔美"元素，作为度假列车重新展现在世人眼前。车身用粉金色的线条描绘出伊豆的代表——"樱花""海风""波浪"，将度假胜地的高雅、成熟之美尽展无遗。车内美食总监由日本人气法式餐厅"Morceau"的老板兼主厨秋元樱担任。列车以"美丽、快乐、亲切"为主题，采用伊豆本地食材，为旅客提供当季最时令、新鲜的美食。

● Oykot 号：饭山线沿着千曲川（信浓川）的河畔奔驰，山林、田野、民房等，和煦的田园风光延绵不绝。饭山线是地方线路中"日本人心中的故乡"的代表，我们想为所有的乘客提供平静和治愈的环境，Oykot 号就是这样的新主题列车。为了让大家联想起田园风光、河流、山川等日本人心中的故乡（农村）形象，我们特地将东京的英文名 TOKYO 倒过来，并采用平假名"おいこっと"为列车命名。为了得到更多不同层次人群的喜爱，我们采用了平假名来命名。

● POKÉMON with YOU 列车：为了将笑脸传递给东日本大地震灾区的孩子们，同时让全国的孩子们能体验快乐的东北之旅，"POKÉMON with YOU 列车"已于 2017 年 7 月 15 日全面改装升级。新列车的主题为"皮卡丘亲子快乐列车"。快来和充满活力的皮卡丘们一起，度过一段快乐的时光吧。

● Resort 白神号：在世界自然遗产白神山地和风光明媚的日本海上运行的五能线"Resort 白神号"。白神山地被列为世界自然遗产后在 2018 年迎来了 25 周年。旨在与大自然共存，采用混合动力系统的"Resort 白神号橅（Buna）编成"列车，用渐变法表现山毛榉林，采取了以自然绿色的浓淡来感受树叶间隙柔和阳光的设计手法。内装采用了大量秋田产杉树和青森丝柏等沿线的木材，营造出温暖和安逸的氛围。

● Resort View 故乡（Furusato）号：该车运行的沿线，到处是雄伟的群山，清澈的河流、湖泊，澄净的天空，以及勾起浓浓乡愁的山林，延绵不绝的美丽风景（View）让日本人不由得思念起心中的"故乡"。"Resort View 故乡（Furusato）号"是列车的爱称，车名寓意着列车将带您享受车窗美景、站台美景，还有造访过的小镇的美景。列车还将为大家带来更多旅途中的美丽邂逅。

● 东北（TOHOKU）EMOTION 号：于 2013 年 10 月 19 日开始运营的列车"东北（TOHOKU）EMOTION 号"，提出了崭新的旅游理念，旨在让旅游者们享受乘车的乐趣，把"乘坐列车"当作旅行的目的。不论是设计、美食、艺术还是窗外美景，列车在各个方面都魅力十足。车内"美食"特别值得推荐，不仅有现场烹制的开放式厨房，整列列车还是一座完整的餐厅，被誉为"东北餐厅铁道"。旅游者们可以一边眺望三陆地区的美丽海景，一边品尝使用东北地区食材烹制的各种美食。

图 7-4　行驶在日本伊豆的"伊豆的舞女"号旅游列车

举凡世界各地传统的"火车旅游"，其推动力主要都是那些"火车爱好者"。以"火车"为爱好的旅游者，是把火车作为消遣场所、社交场合，而不会简单当成一种交通工具。他们的兴趣可能放在火车的燃料（是烧木材还是烧煤）、行进线路（是大吉岭喜马拉雅铁路还是伦敦到伊斯坦布尔的东方旅游快车）等方面。慢慢的节奏、摇晃的车身、长长的车鸣、日升日落的景观，都曾是火车旅游爱好者的笔下钟爱。为满足旅游者对蒸汽机车的眷恋，日本的"开心主题列车"系列当中，在电力机车之外，也保留了"SL 磐越物语号""SL 银河号""SL 群马"几条线路的蒸汽列车。

传统的火车旅游一以贯之的突出特色就是尽享"乘车之乐"。既然是"享乐"，选择这种旅行方式的旅游者自然不会特别在意车速。从斯里兰卡首都科伦坡到佛教圣地康提距离约 100 公里，火车摇摇晃晃要走 3 个小时，但因沿线风光旖旎多彩，到访的西方旅游者通常不会嫌弃火车太慢而放弃这段铁路旅程。西方人编写的斯里兰卡旅行手册，也一定不会忘记做此重点提醒。但是，时代在变，如今的人们对传统火车旅游的缓慢车速也渐渐开始有了不耐烦。为顺应时代，日本新干线的度假列车已经有两条线路出现，并被包含在"开心主题列车"系列当中。一条是"现美新干线"，这趟列车除了在各节车厢展示由知名艺术家们为列车量身打造的现代艺术品外，还设有特色咖啡厅，为乘客提供由著名甜点"romi-unie"创始人 Igarashi Romi 采用当地食材制作的甜点，以及燕三条人气王"Tsubame Coffee"监制的咖啡。另一条线路"Toreiyu"，名称是英文的"train"（列车）和法文的"soleil"（太阳）两者合并而成的新词。车内不仅有榻榻米材质的"榻榻米指定座席"，酒吧还搜罗了山形县产的地方酒、红酒、果汁等饮品，甚至车内还设置有可以一边眺望窗外风景，一边舒适享受的"足浴池"，让乘客在乘车行进时有到了温泉乡的感觉。

第八章
文化旅游的谋篇布局

文化旅游当然是一种刻意为之，旅游者在参加一次文化旅游之前，对可能看到的东西多数会已经有了一些了解。一次巴塞罗那之行之前，已经知道了高迪。去敦煌看莫高窟的时候，其实对敦煌的名字早已耳熟能详。文化旅游之易，即在于此；而如何让旅游者在一次文化旅游活动中收获超过想象、超过粗识，文化旅游之难，亦在于此。

对文化旅游之难，当然需要有解决方案。著名学者简·卡斯尔顿（Jane Castleton）在美国费城艺术博物馆的一次演讲中提出了自己的见解："市立艺术博物馆真正服务于其宗旨，为所有那些具备品位但并不以此为满足的人们提供机会，最大限度地使人们享受人类财富和闲暇。对于那些还不具备品位的人，博物馆将会提供培养品位的训练。"[1]

旅游者以个人行为进行的文化旅游需要谋篇，旅游经营者以文化旅游为招徕时需要布局。无论哪方面，增加对文化旅游目的地的了解都是躲不开的一个重要过程。"Lonely Planet"为旅游者提供的引导，多是会从当地文化入手。例如在介绍墨西哥时，他们会这样告诉读者："墨西哥丰富多彩的地区文化氛围非常浓厚，而且具有很强的生命力，包括民间传说、传统服饰、节日、民族归属感和漂亮的手工艺品。但是他们中的很多人却不得不移民到墨西哥城甚至美国找工作。这个地区还受很多外界的同一化影响。如果想支持墨西哥的文化发展，旅游者们可以参观社区博

---

[1] 【美】托比·米勒，《文化研究指南》，南京大学出版社，2009年1月第1版第325页。

物馆，购买当地手工艺品，表示自己喜欢当地的习俗和传统，或者支持本土的旅游项目。"

对于旅游景点来说，文化旅游的谋篇布局则需要更具体的一些举措。位于法国罗克福尔山村的干酪工厂，为文化旅游的开展所做的具体设计是：

- 观看一部关于干酪生产过程的电影。
- 参观17世纪的古地窖。
- 参观延伸至大考赛斯草原（Grand Causses）岩石中的花纹。
- 罗克福尔干酪博物馆参观。
- 品尝各种各样的干酪。
- 安排旅游纪念品商店购物。

一、将文化的诱惑注入文化旅游的肌肤

在诸多旅游书介绍中，墨西哥城的"弗里达·卡罗博物馆"（Museo Frida Kahlo）被列入墨西哥旅游不可不来的地方。这座不大的博物馆，蕴含了众多旅游者的多重期待。弗里达非凡的人生故事，与这座她婚前及离婚后一直到生命结束居住的地方息息相关。到这里捕捉弗里达的气息，了解她的生活踪迹，这当然是旅游者对这座博物馆的首要期待。作为墨西哥著名画家的弗里达，虽然其诸多作品久为人们熟知，但人们还是会期待在这里、在她的这些作品的诞生地再来一次细细的赏鉴。

弗里达原是墨西哥城一个画师的女儿，六岁时，因患小儿麻痹，她天生一条腿粗，一条腿细。十八岁她遇到人生第一场灾难：在一次飞来的车祸中，她的全身骨头几乎都已经粉碎。医生认为她活不了了，但她打破了医生的预言，在经历了多次手术之后，又艰难的站立了起来。遇到壁画大师里维拉是她遇到的人生另一场灾难。里维拉曾带给他美好的爱情，对她的绘画也有过极大的帮助，但却终因对爱情的不忠伤透了她的心。弗里达的绘画创作一直持续了25年，存世的作品有150余幅。

她曾多年不为人所知，当年他的丈夫里维拉决定把她的作品首次公布时，震动了整个墨西哥城，每一个看到她的作品的人，都被她作品表现内容的奇特而感到震撼。她的画作在世界各国也得到了高度评价。传言毕加索看到她的自画像，也曾自叹不如。1954年弗里达47岁时离开了给她制造了一生苦痛的世界。在她生活过的这座房子改建的博物馆中，人们既能看到她的诸多画作，也能参观她的画室和卧房。

"Lonely Planet"关于这座博物馆有着这样的描述："几乎所有到墨西哥城的旅游者都要满怀仰慕之情到这里参观，以求更深刻地理解这位画家（可能还会拿个弗里达手提袋）。"时至今日，这样的景象似乎仍不难被捕捉到。

图 8-1　墨西哥城正待进入弗里达·卡罗博物馆参观的旅游者

对于文化旅游者来说，文化的诱惑当然是首当其冲最为重要。文化的诱惑多寡或诱惑是否成功，直接决定了旅游者的旅游感知评价。我们且来看一个设在瑞典的"萨米博物馆"（Sámi Museum）是如何做的。

这座规模宏大的萨米博物馆首先就令人称奇，因为今天的世界上萨米人总量也只有大约7.5万人。而博物馆所在国瑞典的萨米人，人数只有区区2万人。博物馆并非只是平铺直叙地展示萨米人的历史与日常生活，而是将着重点放到了萨米人的权利上面。萨米人曾很长时期被人们称为"拉普兰人"。殊不知，这与"因纽特人"曾长期被世人称为"爱斯基摩人"一样，"拉普兰人"的称呼一直以来被萨米人视为歧视性称呼。萨米人属当地的原住民。萨米人的权利，一方面来自自身的抗争，另一方面来自今天的斯堪的纳维亚社会与民众的自省。当然，萨米人的历史曾充满苦难，但所幸苦难已经成为历史。20 世纪 80 年代，挪威首先成立了萨米人的权利委员会与文化委员会。进入 90 年代，1997 年挪威国王哈拉尔五世还曾正式对从前对萨米民族的不公进行了道歉。相比加拿大、澳大利亚的原住民，萨米人迎来的政府道歉，显然要更早一些。《世界遗产名录》对 1996 年进入该名录的"萨米人居住区"的概要描述是："瑞典北部地区是萨米人的家园。这里是最大的也是最后一个人们按照祖传的方式进行生活的地区，这种生活以牲畜周期性地迁移为基础。每年夏天，萨米人赶着他们的驯鹿群走向大山，穿越自然风暴区，这些风景区至今还保存着，只是受到汽车的威胁。我们可以从冰碛和水流路线的改变中看到历史和现今的地质作用。这一地区风景秀美，在深邃的山谷和湍急的河流。"

文化的诱惑不仅存在于博物馆，甚至可能存在于大街上。在美国的新奥尔良大街上行走的旅游者，可能就会遇到这样的一条名叫"圣安娜大街"的街道。这条街道的宽度虽然不宽，但路牌却十分显眼，在"圣安娜大街"（CALLE d SANTA ANA）的街名之上，还留有更多的文字："当新奥尔良还是西班牙路易斯安那省首府的时候（1762—1803），这条街的名字就已经存在了。"一个斑驳的马赛克路牌，不吝惜一个街头偶遇的机会，无比自豪也充满自信地向旅游者展示了自身的价值，这难道不也是一种文化的诱惑吗？

图 8-2　美国新奥尔良城内圣安娜大街的路牌

以文化来诱惑旅游者，现实世界中许多精明的商人操作似乎已经十分娴熟。澳大利亚昆士兰州的一款著名的啤酒，取名为"XXXX"。啤酒商为面对这个奇怪的名字充满疑惑的旅游者准备的故事是：最早抵达澳大利亚的英国社会下层的人，掌握了啤酒制作工艺但却苦于不识字,只知道"啤酒"(Beer)一词是由四个字母组成但却不会写,于是干脆就以四个 X 来做代替。这个啤酒的独一无二的品牌名称以及与它相连的故事果然诱惑人无数,到访昆士兰的旅游者并没人会躲得过这样的一种诱惑。

文化的诱惑固然可以是多种多样,但出发点必须是出自对旅游者的尊重。隐于其间一个道理,仍旧是美国使馆向签证申请人承诺的一个可以让人心悦诚服的原则:"我们向签证申请人承诺,你的尊严将被我们尊重,即使是你的签证不能被批准也是一样。我们将把每个人都当作一个单独的特殊情况来对待。"

(一)科罗那多酒店的文化旅游故事

位于美国南加州的"科罗那多酒店"(Hotel del Coronado)拥有 130 多年的历史,与这座酒店联系在一起的各种历史故事,使得这座酒店具有了独一无二的文化旅游资源。慕名前来的旅游者、旅游团纷至沓来,下榻者固然不少,但更多的人,到这里来的目的只是游览,是将这座酒店当作一个著名的旅游景点对待的。到这里只是走走看看、吃吃喝喝、闻闻嗅嗅,寻觅一下这座著名酒店的不同凡响的地方。

这座酒店的非凡,首先当然就是因为它的历史印记。

这座酒店建造于 1888 年。在这个 3 个 8 连在一起的吉祥年,世界上发生了许多事情,与东方的光绪十四年(1888)的大清国相关的事情,包括有英国人修建的香港太平山顶的缆车建成通车、巡抚刘铭传赴台湾建省、北洋水师正式成军等。所幸今天的香港的太平山登山缆车,今天仍能同这座诞生于同一年的酒店,分置东西半球,受到 100 多年后的旅游者的追捧。香港的登山缆车,国力昌盛的英国人用的是钢铁建造。而这座科罗那多酒店,以农民及牛仔为主的美国人则采用的是全木结构。全木结构的建筑在 5000 年历史的中国,今天能够留下来的实在是寥寥可数,危在旦夕的应县木塔且算是一例。而全木质结构的建筑在仅有 200 多年历史的美国,却从南到北、自西向东都能找到。

1888 年建成的这座全木结构的酒店,难得的是百多年来酒店功能一直未有改变。1970 年 12 月 7 日,这座面朝太平洋的名为"hotel del Coronado"的酒店,整体被列入加州"历史景观"(historical landmark)当中,档案编号为 844 号。因其在现存木质建筑中体量为美国第二大，1977年亦被列入美国"国家历史景观"（National Historic Landmark）。

今天四面八方的旅游者慕名赶到这座酒店，建筑的独特当然是吸引他们的一项，但这只是其一而不是全部。更能吸引全世界诸多旅游者目光的，还是依附于这座神奇的酒店的另外一些东西。这些更能吸引旅游者的地方，就是那些与这座酒店常在一起的人与事。

1888年开业的科罗那多酒店，曾是那个时代全世界最大的度假酒店。从那个时候开始，这座酒店所获得的荣誉就没有断过。最近的几个奖赏，一个是2008年所获得的美国汽车协会（Automobile Association of America）颁发的"AAA Four Diamond Lodging Winners 2008"，一个是那个世界上颇为著名的旅游网站"TripAdvisor"2011年给出的"美国与世界10大海滩及海滩酒店"（Top 10 beaches, beach hotels in USA and world）。

这座酒店与美国总统的缘分之深，更是让人瞠目结舌。曾经在这座酒店下榻的美国总统人数之多，甚至需要酒店专门为此发一份新闻稿。2008年10月8日（2010年6月10日补充修订），科罗纳多酒店就果真发出过一份题为"Presidential visitors at the Hotel del Coronado"（作为旅游者下榻在科罗纳多酒店的美国总统）的新闻稿。其中列出的一大堆美国总统的名字，看上去简直就是一部美国简史。其中包括：本杰明·哈里森、威廉·麦金利、威廉·霍华德·塔夫特、伍德罗·威尔逊、富兰克林·罗斯福、德怀特·艾森豪威尔、约翰·肯尼迪、安德鲁·约翰逊、理查德·尼克松、杰拉尔德·福特、吉米·卡特、罗纳德·里根、乔治·H·W·布什、比尔·克林顿、乔治·布什和巴拉克·奥巴马。可以说，与这么多美国总统打过交道的酒店，在美国难以找到第二个了。

但是，相比这座酒店接待过的另一位名人，这些美国总统的名字则暗淡了许多。酒店的印刷精美的纪念册的封面，以及在酒店里处处可见的大幅老照片上出现最多的人物，都不是美国前总统或现总统，而是一位好莱坞影星。这位好莱坞影星的名字，在全世界影迷那里，也包括从世界各地慕名专程到访这座酒店的旅游者那里，远比下榻过这座酒店的每一位美国总统更加响亮、更加令人记忆深刻，她的名字叫做"玛丽莲·梦露"（Marilyn Monroe）。

科罗那多酒店与好莱坞明星之间的密切关联并非是始自大明星玛丽莲·梦露，其实早在 20 世纪 20 年代，这里就已经与好莱坞之间有了千丝万缕的联系。酒店的纪念册上，可以查看到那个时代的好莱坞影星的许多名字，譬如：道格拉斯·范朋克（Douglas Fairbanks）、鲁道夫·瓦伦蒂诺（Rudolph Valentino）、克拉克·盖博（Clark Gable）、埃罗尔·弗林（Errol Flynn）、梅·韦斯特（Mae West），还有那个曾经信仰过共产主义的好莱坞著名喜剧大师查理·卓别林（Charlie Chaplin）。科罗那多酒店与好莱坞明星之间的友好关系，被一代代好莱坞明星继承下来，因而直到今天，好莱坞的一些当红影星也常常会光顾这座酒店，其中也包括那位演而优则导的安吉丽娜·朱莉。

好莱坞明星与这座酒店的密切关联，对到访这座酒店的旅游者来说，当然是一件大好事。甚至不排除有旅游者到访这座酒店，正是为了来看平日轻易见不着的好莱坞明星。

无论是对亲身体验在这座酒店下榻的滋味的住客，还是对专程来这里欣享"酒店一日游"的乐趣的旅行者，酒店为有兴致的人们准备的一个特别节目"Hotel Del Coronado Walking Tour"（科罗那多酒店徒步游），都是不可错过的一个机会。这个"Hotel Del Coronado Walking Tour"会从 1888 年当时就是世界上最大的酒店的故事起头，讲到世界上第一个使用电灯的酒店，讲到与美国历史密切联系在一起的一个个名人，以及在这里拍摄的一部部电影。当然，如果你高兴，甚至可以从酒店的兴建开始了解起。而当在听到酒店的兴建故事的时候，来自中国的旅游者，或会与世界上其他国家的旅游者有了完全不同的感觉。因为忽然之间，竟会发现这座古老的酒店与中国之间的密不可分的联系。

1887 年这座酒店开始兴建时，两样东西迫在眉睫，亟须解决：一是建筑酒店所需要的主要材料木材；一是建造酒店需要的人力。而这两样东西，在酒店所在地科罗那多岛以及圣迭戈附近都属稀缺。木材资源丰富的美国，木材自然不太难找。位于加州尤里卡的美国西部最大的木材供应商 Dolbeer & Carson 木材公司拿到了这份订单，于是一船船上好的木材源源不断从海上运到这里。建设酒店需要的大量劳工何处找来的呢？除了少量的当地劳工外，大多数的劳工（主要是木工），都是长相与今天的广东人毫无二致的早期移民美国的华工。这些来自中国的移民，已经早在加州的旧金山、奥克兰安顿下来,"Hotel Del Coronado"的开工新建,让他们有了一个新的赚钱机会,也让他们与这座举世闻名的酒店,产生了永远的联系。旅游者若想深究这段历史,华人留下来的资料着实不多,还是需要去找美国人写的书或文章。比如这一篇:The Lady Who Lives By The Sea(By Burke Ormsby.The Journal of San Diego History. San Diego Historical Society)。

与这座酒店有关的名人故事当中,最著名的当然还是一些爱情故事。而世界上流传久远、最为著名的爱情故事之一,尽人皆知的那个"不爱江山爱美人"的故事,即英国爱德华国王与辛普森夫人的轰轰烈烈的爱情故事,因与这座酒店的密切联系,则让这座酒店的旅游吸引力大大增加。

这个"不爱江山爱美人"的故事,拍过的电影多得几乎数不清。几年前拿过许多奖的那部《国王的演讲》(The King's Speech),讲的其实也是那段历史。正是有了爱德华国王的退位,英国才诞生了一位结巴的国王,以及他的随后继位的女儿,即今天的英国伊丽莎白女王。

旅游者自然人人了解这个故事的梗概:爱德华王储在一个偶然的机会结识了小他两岁的辛普森夫人后,很快坠入了爱河。尚未成婚时,突遇父王因重病缠身驾崩。按照英国王室的继承规则,他继位当上了爱德华八世国王。而英国国王想要与一位离过婚的美国女人结婚,并且她原来的丈夫仍然在世,这是英国国教教规绝对不能允许的。以坎特伯雷大主教为首的反对势力,当时占据了主导地位;英国公众也是一边倒,不能容忍国王娶辛普森夫人为妻。在江山和美人两者只能择一的情况下,爱德华八世选择了后者。1936年12月10日,爱德华八世在退位书上签字,正式从王位上退了下来。几个月后,爱德华与辛普森夫人在法国结婚,爱德华的头衔被确定为"温莎公爵",辛普森夫人的身份则成了"公爵夫人"。

酒店的一项记载,载明了这个轰轰烈烈的爱情缘起的时间、地点:1920年4月7日,正是在这座酒店的皇冠厅(Crown Room)举行的盛大宴会上,爱德华·威尔士王子第一次见到了这个聪明美丽、将要与他一直走到生命尽头的女人。

但是,遗憾的是两人相识的这个时间、地点并没有得到爱德华公爵和公爵夫人各自传记的证实。一些历史学家也对此有着疑问。有个叫Diane Bell的研究者,甚至写了一篇《有关大英帝国爱德华王子的传言》(Decades-old rumors of Britain's royal Prince Edward）的文章来进行证伪，提出爱德华王子与辛普森夫人相识的年份比这晚很多，应该是在 1931 年。但这篇文章也确认了这样一个事实，那就是爱德华王子 1920 年曾在这座酒店下榻过。

今天到访这座酒店的多数旅游者，当然没有太多人有兴趣原原本本搞清爱德华王子与辛普森夫人最初会面的那些具体的细节。他们只消知道这座科罗那多酒店曾接待过"不爱江山爱美人"的那位英国国王，就足够唏嘘感叹一番了。

科罗那多酒店在电影中出现的历史，也已经有 80 多年了。1927 年，在一部叫做《飞行舰队》（The Flying Fleet）的电影中，酒店就以背景出现了。其后在这座酒店拍摄的电影纷至沓来。最著名的譬如《热情似火》（Some Like It Hot）、《特技替身》（The Stunt Man）、《邪恶，邪恶》（Wicked, Wicked）、《我的蓝色天堂》（My Blue Heaven）等。《热情似火》（Some Like It Hot）这部玛丽莲·梦露参演的电影的剧照，甚至后来还变成了一张收藏价值极高的美国纪念邮票。

然而，附着在酒店上的这些荣耀，在酒店的广告上通常是见不到的。作为酒店，它的广告语"A Building as Notable for Internal Comfort as for Size and Elegance"，重点着墨表现的，仍旧是酒店建筑的舒适适用与风格典雅。

当然，与这座有一百多年历史的酒店相伴的并不都是浪漫温馨的故事，另一个神秘怪诞的故事，其实也一直久为人知。

那是一个有名有姓、有具体地点的故事：一个叫凯特·摩根（Kate Morgan）的女人，1892 年 11 月 24 日下榻在酒店在 304 房间，在这里等待她的医生哥哥前来给她医病。5 天后，11 月 29 日她被发现受到枪击死在了酒店外部一个通往海滩的楼梯上。警方调查确认那是一起自杀案件，但她的家人却不认同，认为枪与子弹并不匹配。自此，凯特·摩根的鬼魂开始久久盘旋在酒店的 304 房间。据称有住客发现，这个房间经常半夜灯光闪亮、鬼影浮动。

酒店方面对这一鬼故事的处理着实有趣。既没有发声明斥责为造谣，也没有与公权力勾结对媒体进行起诉，抓律师入狱。不仅酒店的网页上不避讳这个真实的鬼故事，酒店的遗产部（heritage dept.）还特意组织了一干历史专家，写了一本叫做《美丽的陌生人：凯特·摩根的鬼魂与科罗那多酒店》（The Beautiful Stranger: The Ghost of Kate Morgan and The Hotel del Coronado）的书，来传播这个鬼魂故事。

美国人对这一鬼魂故事的兴趣，又引来了另外两本书。一本是约翰·卡伦所写，叫《飘动的魂灵：萦绕在科罗那多酒店的凯特·摩根的谜团》(*Dead Move: Kate Morgan and the Haunting Mystery of Coronado*)。另一本是凯特的丈夫汤姆·摩根的同父异母的兄弟特里拉多所写，叫《科罗那多酒店的鬼魂与凯特·摩根的真实故事》(*The Ghost of the Hotel del Coronado, The TRUE Story of Kate Morgan*)。

这个凯特·摩根当年住过的闹鬼的房间，酒店今天依然保留着，不过，房号已经从当年的304变成了今天的3327。今天的旅游者如果胆子够大，自然可以到这里参观一下。如果胆量再大些，也完全可以拍出600美金，在这个神奇的房间住上一夜。

图 8-3　位于美国南加州的科罗那多酒店

（二）维罗纳的文化旅游戏剧情境

《世界遗产名录》中的意大利古城维罗纳（Verona）保持了这样一种气度："维罗纳古城建于公元前1世纪，公元13、14世纪在斯卡利哲家族的统治下尤为繁荣，15世纪到18世纪是威尼斯共和国的一部分。城内至今保存有罗马帝国时代、中世纪以及文艺复兴时期的许多文化古迹，同时它也是历史上一座重要的军事要塞。"

维罗纳的文化旅游之所以诱人，就在于它区别于意大利其他城市：与罗马整个城市的气势恢宏不同，与以大教堂闻名于世的米兰不一样，与拥有令人神往的乌菲兹博物馆的佛罗伦萨亦有区别，甚至它的诱人与意大利人的精心谋划也毫无关系。

维罗纳这座城市的声望，是因为莎士比亚，因为莎士比亚的举世闻名的戏剧作品《罗密欧与朱丽叶》(Romeo and Juliet)。

《罗密欧与朱丽叶》讲述的是一个意大利贵族凯普莱特的女儿朱丽叶与蒙太古的儿子罗密欧诚挚相爱，但因两家世代为仇而受到阻挠的人间悲剧故事。两个青年男女主人公面对巨大的家族压力，大胆追求他们的爱情，最后不惜以命拼争。罗密欧与朱丽叶的爱情悲剧，据说历史上曾真实发生过，故事发生地就是1303年的意大利古城维罗纳城。16世纪初叶，意大利人路易吉·达·波尔托以这个传说故事为蓝本，1554年完成他的短篇小说《罗密欧和朱丽叶》。文艺复兴时代的著名作家班戴洛融入了人文主义精神又将这个故事进行了重写。因班戴洛创作技巧娴熟，擅长描写激情的悲剧性冲突、娓娓动听的叙谈，他的这部《罗密欧与朱丽叶》迅速走红，并不断被其他作家注意到。法国人皮埃尔·布瓦多即把它译成法文，英国人伊英特又将布瓦多的法文版译成了英文。题材到了伟大的作家莎士比亚那里，终于变成了不巧的传世名作。

今天全世界的旅游者寻访维罗纳，恰如同实地去看莎翁的这出著名悲剧一般，完全进入了戏剧规定情境，心情仿佛在莎翁的笔尖处滑动。所幸维罗纳古城为旅游者处处营造了这样的戏剧情境，让维罗纳的文化旅游别一样的生辉。

使人最感充实的是莎剧《罗密欧与朱丽叶》中的主要场景都有迹可循。步行在鹅卵石铺地的街巷里，古典的气息浓重而真实。斯卡利杰雷街4号一座神秘的建筑就是罗密欧的故居，门口的墙上刻着莎剧的台词："噢，罗密欧，你在哪里？"卡佩洛街27号是朱丽叶的故居，有小楼、闺房、庭院和阳台。街尽头的爱尔巴大广场，则是两个家族发生争斗的地方。一切都那么完整可信，无须挑剔它与戏剧的是否一致性。戏剧什么样，现实什么样，虚实不辨，也不必辨。在维罗纳，生活真实与艺术真实、现实环境与艺术情境就是浑然一体的。

多少年来，"朱丽叶阳台"早已是一个戏剧术语而存在于戏剧辞典。莎士比亚戏剧的经典场景实在很多，构成了一个系列。在这个系列中，"朱丽叶阳台"当然就是经典中的经典。而旅游者来到维罗纳则会发现，真实存在于维罗纳的朱丽叶阳台比莎翁戏剧中的还要经典。那玲珑的造型恰如其分，石头的材质古旧如铁。阳台下的庭院虽然不大，但却简洁规整，衬托着特有的气氛。尤其是那尊20世纪80年代塑的朱丽叶铜像，伫立在影墙前的正中，纤纤少女的美态写满古典的含蓄与坚韧。络绎不绝的人流不时将院子拥塞，想要与朱丽叶独处很难。不知缘何，许多来自异乡的旅游者相信触摸朱丽叶的右上身会得到美好的爱情和幸福的人生，所以朱丽叶铜像的右胸处始终是金光闪亮的。铜像的脚前和臂腕中被放置了束束鲜花，都是参观者献上的。可见，朱丽叶在人们心目中的地位。

维罗纳整个古城精致优雅，空气清新惬意。街市上人稀声静，却又不乏现代活力。与罗马科洛塞奥竞技场相似的古竞技场沧桑残旧，和场外广场上玩耍的孩童相映成趣。偶有三两老人驻足闲谈，给市容增添了一份稳重。城市里弥漫着脱尘超世的气质，这种超脱让人激动，也使人平和。激动是为亲眼看到了一种生活应有的情态，平和则因置身其中。这个古罗马时代就有了雏形的古城，其综合文化含量的丰富是毋庸置疑的，而寓于其中的罗密欧与朱丽叶的经典爱情故事更为这个城市抹上了理想中的浪漫色彩。

维罗纳的文化旅游以莎翁名篇的戏剧情境，无疑会带给旅游者非同凡响的印象。

（三）狩猎旅游作为文化旅游的衰减

近年与"狩猎"相关的一则国际政治新闻与美国前总统布什有关。

2006年美国时任总统布什到德国访问，德国的总理默克尔在招待晚宴上亮出来的名贵菜品，就是刚刚猎杀的一头野猪。作为德国传统美食，这道烤野猪的主菜对口无遮拦的这位美国总统的吸引力着实不小，以至于布什在白天的演讲中竟然三次中断谈话而转问主人野猪的事情。

根据路透社记者汤姆·阿米蒂奇的观察，布什在德国的一次新闻发布会中就4次提到这道菜。两国领导人在柏林北部的施特拉尔松召开联合新闻发布会时，布什一开始就告诉默克尔："我很期待今晚的宴会，我知道我可能有幸把烤野猪肉切片。"仅隔几分钟，在讨论过伊朗核问题、中东局势和世界贸易组织多哈谈判进程后，布什又把话题转向烤野猪。"谢谢你让我对今晚的烤野猪如此期待。"他对默克尔说。随后，布什回答一些记者提问时又第三次提起烤野猪："我还没有见过那头野猪。"默克尔听后忍俊不禁，说她已经见过这头野猪的电视图像，经证实确实已经死亡。30分钟的新闻发布会临近结束，布什第四次用烤野猪开起玩笑。他对一名记者说："我想你可能要问起野猪。"那名记者也打趣说，他确实对野猪也很好奇。"我吃了以后明天再告诉你。"布什这样回答。

这件已经过去多年的旧闻，让我们知道了即使是在动物保护十分出色的德国，也一样会将狩猎作为文化保留下来。

狩猎当然不可以野蛮一概言之，它亦有"狩猎文化"包含其中需要遵循。来自澳大利亚北部阿纳姆地的鲍里斯，所讲述的"狩猎文化"就让人耳目一新。这位澳大利亚小伙子是一位真正的猎手，是"鳄鱼邓迪"一般的英雄。他的猎物，包括野猪和野牛这些为害澳大利亚原生态丛林的猛兽。他说他的16年的狩猎生涯，是在为祖先赎罪。因为正是由于祖先将猪、牛等偶蹄类动物带进了澳大利亚又放归山林自然野化，才使得澳洲大陆上的动物间的自然平衡被打破。他认为狩猎也必须遵循丛林法则。比如，猎手杀野猪，绝不能用枪。躲在500米之外用枪射杀野猪，对野猪并不公平。即使是那些危害人类与自然的野兽，也应该有逃跑、躲藏、反抗的权利。对付它们只能用刀。当猎狗追到野猪、咬住野猪的耳朵的时候，猎手要迅速冲上前来，扳住野猪的双腿让它站立起来，然后一刀结束它的性命。他最悲伤的一件事，是他的一只名叫"皇后"的猎狗在水中被鳄鱼偷袭丧命。因为鳄鱼是受保护动物不能伤害，他将枪和刀都弃于岸边，只拿了一根粗一点的树杈跳到了鳄鱼背上，用树杈猛烈击打鳄鱼的鼻子，才从鳄鱼口中将猎狗的尸体抢回。

狩猎文化当然也是与"狩猎旅游"一同生长起来的。

"狩猎旅游"原本就是世界各国众多旅游类型中的一种，历史上曾经兴盛一时。各国皇族对"狩猎旅游"的嗜好，成为这类旅游的一项助推力。法国电影《虎兄虎弟》当中，一位法国王子就先后打死了35只孟加拉虎；在英国，许多皇室成员都十分乐意参加一种以狐狸为枪击目标的"猎狐"郊野旅游，延续至今也已经有了上百年历史；中国皇帝的狩猎兴趣当然也不在外国人之下。今天河北的围场县，正是清代皇帝选定的"木兰秋狝"即操练军队兼做"狩猎旅游"的地方。

英国传统的"猎狐"，操作十分复杂，并非是简单的几个人骑着马，赶着猎犬，追赶狐狸。参加猎狐的人有皮靴、马裤、猎装、头盔等专门的行头，猎狐本身也是一个有高度组织性和严密"游戏规则"的活动，是以一种运动存在的。猎狐活动一般在 11 月进行。参加猎狐的人一大早就集合出发。在猎狐前一天夜里，已经有专人把狐狸从巢穴里赶出，并把洞穴封死。第二天狩猎开始，首先就是把猎狗带到狐狸的巢穴，辨别它的气味，然后开始循着气味追逐这只狐狸。猎者们骑着马，飞奔在猎狗后面。尽管狐狸跑得快，但参加围猎的马和猎狗都受过专门的耐力训练。围猎时的犬吠声、马蹄声，猎者的吆喝声、管狗人的号角声会对狐狸造成巨大的精神威慑，跑得筋疲力尽时，只能在地上刨洞躲起来。然后猎狗上前将这只躲起来的狐狸从地洞里赶出来由猎手射杀。

猎狐在英国已有 300 多年历史，早在罗马人统治英格兰的时期，它就成了王室特有的一项娱乐。据记载，最早开始训练猎狗进行猎狐的时间大约是在 1660 年以后；而英格兰最早进行猎狐的是第二代白金汉公爵，他在约克郡建立了第一个猎场。由于狡猾的狐狸对农民的庄稼和畜禽造成危害，因此猎狐被认为是一种驱除这种害兽的有效办法。因而，猎狐最早是以正面受欢迎的形象出现的。

猎狐也曾对英国的语言文化产生过重要影响。猎狐在形式上沿用了许多王室猎鹿的习惯和规矩，而王室的猎鹿又是原产自法国。因此在今天的猎狐术语中，依然有原来法语的影子。比如如果狐狸跑了，猎者们会高喊"Tally-ho"，而这个词就是源自法语中的"Taiaut"。此外，在英语的词汇和词组当中，有相当一部分是与猎狐有关。比如，说某人"穿着猎装（in the pink）"，就是形容他的状态极佳。英国还有许许多多的酒馆、酒吧的名称都带有"狐狸""猎狗""Tally-ho"及驯狗人等词语。后来发展到在政治场合互相攻击时也会加入"猎狐"一词，18 世纪一句著名的政治类比就是当时的自由党人士"把乡村贵族比做没有教养的小丑，他们除了猎狐什么都不会"。而猎狐贵族对自由党人的挖苦也保留在了今天的猎狐术语里，他们把猎物都称为"查理"，而"查理"一词正是自由党人查尔斯·詹姆士·福克斯的小名。

禁止猎狐的运动到 20 世纪 20 年代正式开始，禁猎的主要理由是认为这是一种残忍活动。1924 年反对残酷运动联合会（LACS）成立，这个联合会的成员多是一些老年人，因此他们的宣传活动也都比较低调。但是在 20 世纪 50 到 60 年代，全世界反核运动的风起云涌，也给这些温文尔雅的 LACS 成员带来启示，1963 年该联合会的一名成员在年度大会上建议："我有一个主意，在下一个狩猎季节到来的时候，我们也应该像那些反核示威者那样，到狩猎者集合的地点和他们狩猎的道路上去静坐示威。"为了获得更多人对被狩猎动物的同情，他们也经常采用混入狩猎队伍、偷拍狩猎照片或者录像的办法，希望借此向世人揭示猎狐的残酷性。此外，一个名为"破坏狩猎协会"的组织也成立了，该组织的名称就已经直言不讳地表明就是要以破坏的方式阻止狩猎。他们经常采用的方法包括：喷洒药剂，破坏狐狸留下的气味痕迹；模仿猎狗主人的号角，使猎狗无所适从；或者干脆用狗食引诱猎狗，使之丧失斗志。1976年一个更加激进的"动物解放阵线"成立，他们以从来不忌讳触犯法律，经常以使用动物做实验的实验室和猎狗的养狗场为直接袭击目标。禁猎运动真正走入正轨，并获得广泛的支持还是在皇家防止虐待动物协会、反对残酷运动联合会以及国际保护动物利益基金组织联合起来发起禁猎运动之后，这一运动得到了许多英国知名人士的支持，英国著名摇滚演唱组"甲壳虫"乐队的主唱手保罗·麦卡特尼就是这个运动的代言人之一，他表示："用猎狗狩猎是一种残忍的行为，不应该当作一种运动。"目前英国虽然对全国禁止狩猎的法律尚有较大争议，但一些地区的禁猎法律已经实施。为避开争议，英国皇家最近几年的狩猎也只保留了一个代表传统的声势浩大的出发仪式即旋即收场。

可以说虽有历史、文化传统作为依托，但"狩猎旅游"发展到现代，已经受到了环境资源和人们认识上的很大限制，从国际走势来看，在全世界范围内都已经处在衰减时期。由于人们的动物保护观念和环境保护观念的不断增强，人们对生存环境的要求越来越迫切，作为特种文化旅游之一的拥有悠久历史的"狩猎旅游"的完全终止也是可以预期的。

二、文化旅游的刻意打造

文化旅游区别于休闲度假旅游的地方，最突出的应该是参加者、亲历者在参加了这样的一次文化旅游之后，能够有哪怕是不多的一点知识层面的提高和对文化的思考感悟。这样的要求，自然不太会出现在休闲度假旅游的期待当中。譬如参加那类"农家乐"旅游的旅游者，无须动多少脑筋，吃点儿农家饭，睡一睡农家炕，看一看乡村风景，打一打小麻将，无忧亦无虑，其乐也融融。

当然目前的"农家乐"旅游也出现了许多问题。许多地方的农家乐因过度商业化，已经没有了"农"的精髓，农家乐逐渐成为"低星级廉价的经济酒店住宿"。而一名旅游者希冀的"农家乐"或许应是这个样子的："一户农家的院子里养着鸡，有一个老太太坐在葡萄架下择豆角。晚上盖农家的棉被，看得出针脚；用黑陶碗吃饭，桌子上的大葱也是刚从后院摘下来的……"

为了能让旅游者在一次文化旅游中多获取一些文化的感悟，旅游经营者们也曾做过不少尝试。20世纪80年代初，美国的林德布雷德旅行社在美国旅华市场中重点推出的中国三峡旅游，为了增加美国旅游者对中国文化的理解和领悟，特别聘请了一位专事研究中国文化的美国大学教授比尔，在每晚船上晚餐后举办中国文化讲座。这样做的效果当然不错，比尔教授曾不无自豪地介绍说，他亲自率团到访中国三峡就有17次之多，许多旅游者都是在听了他的讲座后介绍其他人参加中国三峡旅游的。可见，刻意打造的文化旅游，让旅游者收获了文化，让旅游经营者收获了商业利润。

旅游经营者在刻意打造文化旅游时，为旅游者制造惊喜、让旅游者有一种意外的感觉，也是会让旅游者铭记不忘的。例如美国佛罗里达州奥兰多的"泰坦尼克体验馆"（Titanic the Experience）就不缺少这方面的设计。

在"泰坦尼克体验馆"旅游者可以观赏按照原样复制的"泰坦尼克号"的旋梯、头等舱套房、船长桥楼和散步甲板，这些再现了"泰坦尼克号"的场景，十分适合旅游者模仿电影中的场面拍照留念。体验馆的17个展厅中，展出了400多件与泰坦尼克相关的独一无二的当地社会生活照片、报道及纪念品，其中包括100多件从海底挖掘出来的"泰坦尼克号"文物。在众多的展品中，既有船只本身的机械装备物品、船上为乘客准备的休闲设备譬如一把折叠式躺椅，也有当时船上乘客的一些个人物品，包括陶器、玻璃制品、纺织品、皮革制品、螺母、肥皂等物品。

这座"泰坦尼克体验馆"想给旅游者带来的惊喜自然不能完全依靠文物。"泰坦尼克号"沉没后被打捞上来的文物有5500多件，买主众多，在世界各地多有展品展示，因而以文物勾人并让人感慨的路数自然走不通。将泰坦尼克遇到冰山的那一刻的场域进行再现与还原，是这座体验馆最匠心独具的地方。当人们随着展馆内"泰坦尼克号"的故事一点点进入到规定情境时，一座占据了大半个展厅的巨大的冰山，用真冰制作的一座晶莹剔透、寒气逼人的冰山，阻挡在人们的面前！在这一刻，参观者的惊奇感觉瞬间涌起，一刹那间就深入体会到了当泰坦尼克出事时船员看到迎面袭来无法躲避的那座巨大冰山时的那种惊恐、无奈、绝望的感觉。

图 8-4　美国奥兰多"泰坦尼克体验馆"

文化旅游可以利用的题材实在太多，而现实生活中这方面的例子不胜枚举。将旅游目的地的地名拿来做文章也是其一。许多地方的地名，都是经过许多次衍变而来的。比如说，北京的地名从元代以来，就经历了大都、北京、北平再到北京的历史进程。每一段的名称改变，都融有一段故事在里面。要了解一个城市的历史，看看其名称的变化，就能学到很多东西。而这些历史故事、传说故事，其实都可以被用在刻意的文化打造方面。而事实上，许多地方也一直是这么做的。

一个有名的地名误读故事，应该算得上是"加拿大"。关于这个国家的名称由来，虽然版本不一，但都与后人的误读有关。说法之一是"加拿大"一词出于休伦－易洛魁语，原意指村落、棚屋或小房。1535 年，法国探险家卡蒂埃到此，问印第安人酋长该地名称，当地的酋长以为是问他附近是不是一个村落，故告诉他为"加拿大"（Kanada）。而听不懂当地语言的卡蒂埃却将此名称认真记了下来，从此把这块硕大的国土统称为"加拿大"。另一种说法是1500 年葡萄牙探险者科特雷尔到此，眼见这辽阔的土地上一片荒凉，便用葡萄牙语说了一句："Ca nada！"意思是说"这儿什么也没有"，"加拿大"国家因此而得名。当然，如今这个以往"什么也没有"的国家，已经成为旅游者乐于光顾的著名旅游目的地。无论是去尼亚加拉城近距离接触尼亚加拉大瀑布，还是到黄刀镇远距离观看极光，也不管是在春天在渥太华观赏盛开的郁金香，还是在秋天到蒙特利尔融进无边无际的红叶林中，加拿大都不会让旅游者失望。

与加拿大很相像的地名故事，旅游者经常听到的还会有中国的澳门、泰国的湄南河和澳大利亚的国名的故事。

16世纪中叶，第一批葡萄牙人抵达澳门的时候，对澳门还是一无所知。从妈阁庙附近登陆后，询问居民当地的名称。当地居民误以为葡萄牙人问庙宇的名字，因而答道"妈阁"。不懂中文的葡萄牙人拿出笔来，将澳门的地名按照"妈阁"的发音记成了"Macau"，其后英文等西方文字也都随之将错就错一直误用到了今天。

泰国的"湄南河"的误读则与早期的华人有关。"湄南"在泰国当地话语中就是"河"的意思，华人用它来作为这条河的名字，也是因语言误会引起的。传说华人到了泰国后，看到了一条大河，不知道是应该叫它"江"呢还是"河"，于是就问当地人："这是什么？"当地人回答说："湄南。"不懂当地语言的华人于是就把"湄南"作为这条河的名字一直沿用下来。

位于南半球东部的国家澳大利亚的国名来历也很有趣。这个名称源于拉丁文"australia"，意即"南方的"。托勒密把其绘入地图，标为"Terra Australis Incognita"，原意应为"未知的南方陆地"。1606年西班牙航海家佩德罗·德基罗斯在新赫布里底群岛登陆，误认为这里就是南极，遂命名为"Australia del Espirtu Santo"，指远及南极的所有地方。1814年英国航海家马修·弗林德斯提议将这个名称简化为"Australia"。这一意见于1817年被麦夸里总督采纳，并一直沿用至今。

（一）作为文化旅游景点的西雅图口香糖墙

美国的西雅图（Seattle）城市虽然不大，但旅游景点的多种多样、各型各类，着实会令旅游者目不暇接、趣味盎然。以十分另类的形象出现且受到当地旅游手册隆重推荐的一个景点，就是那个大名鼎鼎的"口香糖墙"（Gum wall）。

与最老的那家星巴克咖啡馆相隔不到500米的"口香糖墙"，出现在这座城市并最终成为这座城市的旅游景点，时间比星巴克要晚一点。星巴克出现于1971年，而"口香糖墙"则是在上世纪的最后一年。1999年"口香糖墙"才被确定为这座城市的旅游景点，进入到旅游者的视野当中。

西雅图"口香糖墙"的出现，并非刻意为之，很大程度上其实出于偶然与无奈。

20世纪90年代，隐藏在派克市场后面狭窄阴暗小巷"Post Alley"的这个"市场剧院"（Market Theater）尚在营业，轰轰烈烈的"西雅图剧场运动"令这里上演的即兴喜剧热闹异常。大约是在1994年前后，忽然有一位购票者将吐出的口香糖不是扔在地上而是随手黏在了购票窗口旁边的墙上。彩色的口香糖出现在灰冷的墙面上，视觉效果自然是非常特别。这种做法立刻引来了许多人的效仿，甚至有意展示自己的艺术天分将它向波普艺术方向来打造。从剧场走出来的人，竞相将口香糖折出各种不同的形状的图案或文字黏在墙上。

对于这样的情形，剧场总经理Jay Hitts曾表示十分无奈，他也曾多次派人清理过，却因口香糖墙的创作者越来越多而最终放弃了清理。后来，他每每见到有人到此拍照，还总有人拉住他问其中的故事，他这才恍然悟出，原来这个口香糖墙，已经具备相当的吸引力了（"It has become quite an attraction"）。而艺术向来发达的西雅图，官方也并不保守，将"口香糖墙"辟为西雅图新的旅游景点，也完全属于顺理成章之事。事情发展至此，口香糖有了非刻意出现的开头之后，正式被刻意作为一种文化、将"口香糖墙"打造成文化旅游景点的阶段正式启动了。

因为具有反传统的意义和波普艺术的特性，这个"口香糖墙"作为西雅图的旅游景点之一，往往会比其他公园、商店之类普通景点更易给旅游者带来刺激。在"口香糖墙"前面能见到许多人惊异的表情和会心的欢笑，即是明证。由影星珍妮佛·安妮丝顿与亚伦·艾克哈特主演的好莱坞电影《爱上你爱上我》以此为重要场景，也正是看到了"口香糖墙"所能带给人们的视觉与心理冲击。

如今那个"Post Alley"小巷的"市场剧院"早已经停业，而"Market Theater"的招牌下，前来游览或参与这个"口香糖墙"创作的旅游者仍是络绎不绝。觉得此事有趣的旅游者不仅包括了年轻人，亦有白发的老人认认真真将用口粗加工、再用手精加工制作的口香糖个人作品用力黏到墙上，并拍下照片作为留念。在那些口香糖制作的文字与图案当中，不乏表达和平或爱情内容的，后者那多是出自专程赶来、将黏口香糖作为婚礼一项内容的新人。

对西雅图的这个"口香糖墙",中国的旅游者通常是会从中文网站上了解到的。但是,在粗糙的诸多中文网站或中文游记当中,许多人在提及这个"口香糖墙"时,总是会首先冠之以"恶心"两字。互动百科网站是这样介绍"口香糖墙"的:"2009年,在根据美国知名旅游评监网站Tripadvisor票选的全球最脏景点中,'口香糖墙'排名第二。"

然而我们如果追踪一下这个新闻,就会发现这一认识其实是有明显偏差的。2009年Tripadvisor所做的那个"Germiest Attractions"评选,翻译成"不卫生景点",才更其适合。其理由,我们完全可以从"Germiest Attractions"的第一名"爱尔兰的布拉尼石"(Ireland's Blarney Stone)那里去找。

爱尔兰的布拉尼石也是一个旅游者络绎不绝的世界著名景点。旅游者到那里就为了一件事,那就是去吻布拉尼城堡上的一块石头。那块石头不仅有着"先知带来"或"十字军东征带回"等各个版本的来历、传说,更重要的是它还有一个"The Stone of Eloquence"(雄辩石)的别名。传说任何人只要是与此石亲吻,就能获得雄辩的口才。更加离奇的一个传说则是:亲吻过那块石头之人,都"能够轻松爬进女人的房间,或成为一名国会议员"。于是,自古至今,已经有数百万旅游者爬上那座城堡,去亲吻那个被许多人的唾液打湿的城墙石面。

因众多人亲吻石头的行为,"布拉尼石"显然适合列在"不卫生景点"的榜首;而将"口香糖墙"的从口中取出口香糖放在手上揉捏的行为列为"不卫生"也不为过。但是,国内的中文网站将"口香糖墙"称为"脏""恶心",则语义表达明显过激了。如果说英文表达中称其"不卫生"(Germiest),含平等劝说之意,中文表达中的"恶心"则显示的是自我炫耀的伪高贵心态。

西雅图人对"口香糖墙"的"不卫生"也并不否认。西雅图音乐家兼艺术家詹森这样说道:"对我而言,口香糖墙就是西雅图兼容并蓄的艺术经验,它的特质独一无二、多元,具有平等的亲近性与表达性。它是有点不卫生,尤其当我们一心想着干净的手与新流感时,但这面墙纯粹是一种趣味。"

或许正是因为艺术特质与趣味的欠缺,才使得中文网站有了对西雅图"口香糖墙"的"恶心"描述或评价。若结合中国现状来看,这样的说法其实更是显得有些虚伪、怪异。今天的中国人每天出门,能见到的随地吐痰者会是多不胜数。而对此真正的恶心行为，现实中的中国人早已是司空见惯，似乎已经绝难见到谁再会站出来对此恶劣行为进行抨击谴责了。当然现实生活中的中国旅游者似乎并没有受到这类低趣味信息的误导，中国旅游者到访西雅图，没有谁真会放弃"口香糖墙"这一当地重要的文化旅游景点。

图 8-5　美国西雅图的"口香糖墙"

（二）借助外力的文化旅游打造

美国前总统里根在兵马俑坑参观，面对成千上万的兵马俑军阵，幽默地说了一声："解散！"通过媒体报道，世人哈哈大笑的同时，对兵马俑的熟识，也有了显著增长。当然，为兵马俑免费做宣传的外国总统还不只是里根总统一人，法国前总统希拉克也是其中之一。"世界第八奇迹"的称谓，正是来自前法国总统希拉克本人。这位对考古学深有研究的总统，对兵马俑的评价自然是具相当大的说服力。他在任时，一次参加欧盟会议时看闲书被镜头捕捉到，高清照片变焦放大，人们发现他看的书竟然是一本有关中国的二里头出土文物的书。

法国人对中国文化的喜爱，促成了中国的一些文化遗存被世人所知，也使得当地的文化旅游开始兴盛并不断获利，重庆大足石刻便是其中的一个例子。

大足石刻位于重庆市大足区境内，为唐、五代、宋时所凿造，明、清两代亦续有开凿。分布于该县西南、西北和东北的扇区，共 23 处。较集中的有宝顶山、北山等 19 处，其中以宝顶山摩崖造像规模最大、最精美。除佛像和道教造像外，也有儒、佛、道同在一龛窟中的三教造像，而以佛教造像所占比例最大。大足石刻代表了公元9—13世纪世界石窟艺术的最高水平，是人类石窟艺术史上最后的丰碑。它从不同侧面展示了唐、宋时期中国石窟艺术风格的重大发展和变化，具有前期石窟不可替代的历史、艺术、科学价值，并以规模宏大、雕刻精美、题材多样、内涵丰富、保存完好而著称于世。1999年12月，以宝顶山、北山、南山、石门山、石篆山"五山"为代表的大足石刻，被联合国教科文组织列入《世界遗产名录》。世界遗产委员会给予大足石刻这样的评价："大足地区的险峻山崖上保存着绝无仅有的系列石刻，时间跨度从9世纪到13世纪。这些石刻以其艺术品质极高、题材丰富多变而闻名遐迩，从世俗到宗教，鲜明地反映了中国这一时期的日常社会生活，并充分证明了这一时期佛教、道教和儒家思想的和谐相处局面。"

这个原本深锁在山中的石刻群，数百年来并没有多少人知道，鲜有旅游者到访。20世纪80年代初法国一家杂志对其进行了深度报道，这个石刻群才广为全球旅游者知晓。当大量的法国旅游者光顾此地时，当地人很有些疑惑不知所措，当地的旅游业从无到有自此才兴。

主动借助外力的旅游宣传、旅游推广，打造旅游目的地名气，江苏无锡在20世纪80年代曾做过很好的尝试并取得过相当不错的成就。

无锡城市虽然距离苏州很近，但在日本的知名度不高，到访无锡的日本旅游者与到访苏州的日本旅游者数量差距悬殊。为了推广无锡旅游，无锡旅游局并中国国家旅游局有了邀请日本著名作曲家到无锡访问并为无锡创作歌曲的意向。1986年5月，日本ABC音乐出版公司会长山田广作和著名诗人、作曲家中山大三郎接受邀请来到无锡进行歌曲创作。中山大三郎为他的这首《无锡旅情》歌曲设计了一个爱情故事的情节：一对热恋着的日本青年出现情感危机，男青年由此踏上异国他乡的旅程。风光如画的无锡增添了他思念恋人的惆怅，他为没有与女友同登旅程、同赏无锡美景而悔恨、而流泪，进而发誓再也不离开她。歌中唱道：

　　　　在那陌生的异国他乡
　　　　想起了你啊忍不住落泪
　　　　请忘掉我吧

去追求幸福

我已经迈上了中国的旅程

从上海过苏州

坐上火车

驰向太湖畔

水乡无锡

小船悠悠行

来到运河边

愚蠢的分别真让我后悔

那样的爱恋

那样的热烈

我赌上生命才换来的爱

你流泪的侧影

依稀闪现

古老的城市啊

就在眼前

古老的帆船

行驶在太湖上

远处的小岛

就是那三山

从那鹿顶山上

遥看太湖景

我心中感到无限宽广

对不起

再一次

重新开始

这一回啊

再不离开你

这首歌自1986年8月起在日本NTV、TBS等六大电视台的黄金时间连续播放半年之久,《朝日新闻》《读卖新闻》等日本最有影响的报纸都刊发长文详细介绍了这首歌的创作过程。歌曲被日本ABC音乐出版公司灌成唱片后于当年9月21日在日本正式发行,当即销售一空,发行量很快突破30万张,成为当年最畅销的唱片之一。

1986年9月30日,作曲家中山大三郎率当红日本青年歌手尾形大作再到无锡,在无锡市人民大会堂举行了《无锡旅情》中国首唱发布会。随同他们而来的,有上百位尾形大作的歌迷粉丝。随行的日本两家大电视台、文化广播电台、读卖新闻社等4家新闻媒体的十多位记者,将尾形大作《无锡旅情》中国首唱会的盛况进行了充分报道。自此,无锡这座城市被日本人铭记在心,到访无锡的日本旅游者持续大增,影响力一直保持至今。

当然,借助外力的文化旅游打造不太成功的例子现实中也是时常可见的。

由詹姆斯·卡梅隆执导,20世纪福克斯出品,萨姆·沃辛顿、佐伊·索尔达娜和西格妮·韦弗等人主演的科幻电影《阿凡达》(*Avatar*)2009年全球上映时,因是第一次采用3D拍摄的放映,在全世界范围内都火爆异常,大量3D电影院也借机匆匆上马开工建设。这部电影因曾在湖南张家界取景,湖南张家界景区便有了借助外力打造文化旅游的最直接的想法和行动。他们迅速将张家界景区中的一个重要景点"南天一柱"正式更名为"哈利路亚山"。但这个借势行为带来的不是旅游者剧增,而是媒体和公众的众多的质疑与批评。当地管委会面对质疑解释说改名是"顺应了景区土著居民和广大旅游者的心声"则更令人不解,事实上当地的土著居民,别说是看,听都未必会听过《阿凡达》的名字,更别提他们会懂得那个拗口的"哈利路亚"是什么意思了。

(三)文化旅游的深度游考量

经济学的一项理论认为,消费者会根据自己的目标、预算限制和收入能力做出最适当的选择,他们关注的是价值最大化。当一条普通的未经渲染的旅游线路和一条精心润色的旅游线路放在一起的时候,诱导效应便会自然呈现出来。"深度旅游"无疑刚好可以承担起这种对多数旅游者进行诱导的重任。而文化旅游,则是"深度旅游"的一个可以用来精心润色的着墨处。

"深度旅游"在实际操作中其实还有筛子的作用：当用它来进行旅游者甄别的时候，会十分有效。经过它的筛选，筛下去的多会是需求目标不明确的旅游者，留下来的则都会是对旅游行程内容有更深、更高期待的好学旅游者。这也就是说，如果一个普通旅游团不愿意听导游讲历史的人占有多数，而在一个深度旅游团当中则会相反，团内绝大多数的人都会对历史感兴趣。

市场中看重并选择"深度旅游"的旅游者，从其隐含的价值取向来看，他其实选择的就是文化。或者反过来说，正是因为对文化的更多期待，才让旅游者选择了深度旅游。所谓"深度"，实则是指深度的文化。法国人到普吉岛晒太阳一去就是10天，为什么不会被人们认为是"深度旅游"就是这个道理。仅仅是在单位时间里将游览的国家减少、将游览的步伐放缓，也是不能称其为"深度旅游"的。旅游经营者千万不要以为"深度旅游"没有准确定义和计量方式就可以信马由缰，其实旅游者在看到这类产品中的"深度"字样的时候，心中已经有了一个虽则形式模糊但却内容清晰的影像，那就是这个产品应该是经过人文精神的窖制，文化的浓香会随着产品的细节浸入每个人的心灵。旅游者一俟报名参加这样的旅游团，就已经有了一个应该获取比普通旅游团队更多知识的美好期待。

旅游经营者的"深度旅游"的产品设计，应该考虑如何从产品的外部形式到内在表现都要与普通的走马观花团有所区别的问题。比如提供给旅游者的深度旅游产品资料，也应该与普通旅游团提供给旅游者的一张简单日程有所区别。要充分认识到参加"深度旅游"的旅游者不仅会有仔细看，还一定会有认真听的期待。旅游经营者的领队及当地导游的文化阐述在一次"深度旅游"当中至关重要。为了不让旅游者的愿望落空，在"深度旅游"团队的安排当中，旅游经营者可以考虑外聘专家开办专题讲座的形式。意大利罗马地下城的游览，多年一直沿用专家讲解的形式其实完全可以为我们借鉴、学习。

"深度旅游"会越来越多地受到人们的欢迎是一个趋势，尤其是有了充分旅行经验的人们，更会是"深度旅游"的最直接的潜在客户群。但是，对于涉入"深度旅游"，旅游企业应有充分估量才好。"深度"在与"旅游"的词语组合当中，表达的是一种程度。这样的读解引导，也许会让旅游者产生"非此即彼"的结果，即有"深度"标注的线路才是深度，而未标注的其他线路都是走马观花的敷衍。因而在实际操作中旅游经营者应该慎用"深度旅游"这样的包装，否则伤及的很可能首先会是自家的其他产品。

由于"深度旅游"没有固定值标准可以衡量，而市场中打"深度旅游"的招牌又能起到很好的招徕作用，因而，"深度旅游"的泛滥也许会是一种必然。因而作为旅游者来说应该明白，市场中未以"深度旅游"标志的线路，未必会没有深度；而直接以"深度旅游"为标志的线路产品，也一样会存在着名实不副、华而不实的可能。

所有的人都一样，如果让其选择旅游的目的地的话，尽其一生也无法将所有的他想去的地方一一游尽。即使是缩小到以全部的"世界遗产"为自己旅游的目的地，也是无法做到的。这也就是说，面对大千世界，我们每个人的旅游计划，都必须要无条件服从于无情的现实，不得不对心仪的旅游目的地进行一次次的取舍，将我们所希望去看的地点、所要进行的旅游活动，限制在一个极小的范围之内。

选择旅游目的地，除了每个人自己从自身的兴趣爱好出发以外，也可以听一听、看一看别人的建议。别人的旅游经历和故事、报纸杂志上的一些旅游文章、书店里面的一些旅游图书，都可以提供给我们以较为妥帖的参考。市面上的那种"人生66个必游之地""51个最应该到的旅游目的地"之类的书，更是可以直接作用于我们对旅游目的地的选择。

对心仪的旅游目的地进行排序，依照每个人的个性可以有完全不同的次序。正像生活中有人要把最好吃的东西先吃，有人则要后吃一样，每个人都有道理，无所谓正确与错误。人人都喜欢巴黎，有的人会迫不及待把到巴黎去排在旅游计划的页首，但也有人会把巴黎这桌盛宴放到两年之后。

但在另外一些情况下，计划顺序前后却应该顾及科学性和实用性。比如一位内地旅游者制订了要到西藏旅游的计划，从科学性的角度出发，就应该考虑将到四川黄龙、云南香格里拉等地点的旅行放到这个计划之前，以增强自己对高原的适应性，这样才能保证西藏旅游的计划实施的顺利。

从埃及作为中国公民的旅游目的地几年的历程来看，单一的埃及古代文化元素，对于调动旅游者兴趣、促使旅游者产生购买欲望来说，并不能说是足够。生活在5000年历史土地上的许多中国人，对古迹的印象也许并不像其他历史曾经断链的民族一样深。旅游经营者方面就此指责旅游者的素质不高，是不正确也是解决不了任何实质问题的。正确的做法是回头对自己制定的埃及旅游推销的方式方法进行检讨，因为问题极有可能就出现在我们本身。一些会对到埃及的旅游者产生认识上的重大影响的新闻事件，今天旅游业界在进行埃及旅游策划、埃及线路产品的设计时，几乎都被白白浪费掉了。目前的一些旅游经营者的埃及游线路虽然光彩，但却没有中国特色，没有将古代与现代的信息进行有效勾连，因而也就无法与中国人，尤其是中国的中老年人的心灵取得契合。在市场中一堆堆的埃及的旅游介绍当中，每每是除了旅游景点介绍就是旅游目的地历史简介，过于单一的内容，已经使得埃及旅游原本应该有趣的地方都被淡化、忽略了。

旅游目的地的选择有些时候是很难的一件事，需要我们反复比较才能决定取舍。千禧年来临的时候，"迎接21世纪第一缕阳光"，是新西兰和斐济两个国家同时打出来的招牌，两个国家同时宣称是最早迎接太阳的地方。旅游者在进行选择的时候，就曾遇到了选择的困惑。因为这两个国家，都是你心仪日久的目的地。两者二选一的确定只有靠我们对两个目的地综合价值的比较。相对斐济来说，新西兰的名气似乎更大，交通也更为方便，而斐济的优势，则在于难得，它从名称上就会让人感到眼前一亮。千禧年迎接曙光原本就是一件有创意的策划，如果你是在斐济看到并接收到新千年的第一缕阳光，自然比在新西兰更容易牢记，日后说给人听也会更容易赢得周围人的羡慕。因而，将斐济作为首选，应当是有更加充足理由的。将自己心仪的旅游目的地进行排序，既可以建立起自己的生活信心，也可以让自己找到人生目标。事实上，追求自己的目标、期待并将自己所设立的目标一一实现的过程是十分幸福的。许多西方人都深深懂得如何自我制造这种幸福感并享用它。他们的旅行计划，多会在一两年前就已经确立下来，然后用一年或两年的时间去享受一步步实现这个目标的过程所带来的幸福感。比如一个美国人，他做出要到中国旅游的决定，那至少是作为下一年度的目标。从这一目标确定之日起，他就开始了为实现这一目标的各项努力，搜集资料了解与中国相关的信息，进行旅行费用的预算，对中国筷子的使用进行练习，等等。直到真正成行的那一天，他都会一直沉浸在对中国的想象中，享受那种由准备、思考、想象所带来的幸福。英国有句谚语："It is better to travel hopefully than to arrive." 意思是"满怀希望的旅途要比到达目的地更快乐"。在未到达目的地之前对旅程充满遐想与期待,亦应是旅游不可丢弃的一大乐趣。

怎样对心仪的旅游目的地进行筛选呢?一位美国人告诉我们的办法是:将名单抄写出来,贴在冰箱上或浴室的镜子上,每天都可以多次看到这份名单,然后从自己的感觉中找到最吸引自己的地方,然后再进行排序。这个办法虽然笨一些,但它至少教会我们在选择旅游目的地的时候要最大限度满足自我心愿。

事实上,人们是无法将心仪的旅游目的地按照五年计划、十年计划完全排定然后依次一一施行的,中国人的旅游目的地确定更是如此。出门旅游的缘起往往不在自身而在外力,比如同事的热情推荐、旅游局方面的目的地推介广告、一个时段的机票价格的变动,或者是看了杂志上的一篇文章的介绍,抑或是一个时期中一首歌曲的流传、一部电影的上映,都有可能导致你事先确定下来的旅游计划改变,让你想要去的旅游目的地的名单顺序错位。

当然,这也完全可以被旅游经营者视为商机。"国际旅游者的梦想是什么?是想去乞力马扎罗山上观雪景,到葡萄牙去自由自在一番,去突尼斯体验当地人的热情款待,前往爱琴海观赏那迷人的岛屿景色,奔向西班牙去观看那扣人心弦的斗牛和热情奔放的民间舞蹈,抵达土耳其去闯一闯那难以深入的当地居民区并见识见识那些离群索居的人!所有这些梦想,但愿有朝一日都能成为现实。当然,旅游美梦许多许多,不能同时实现,这就需要选择去向。那么,选择何处?怎么去?这要全靠旅游者决定吗?当然不。"[①] 罗贝尔·朗加尔认为,这类旅游目的地选择问题,在库克创办旅行社、组织人们乘火车旅行的时代,就已经解决了。

---

① 【法】罗贝尔·朗加尔,《国际旅游》,商务印书馆,1995年12月第1版第143页。

第九章
文化旅游的演进与发展

文化旅游对人们的诱惑当然与文化对人类的诱惑具有同一性。一种文化的消失，文化的诱惑也自然会消失，而因其产生的文化旅游也将发生改变。作为古罗马文明象征的罗马斗兽场，曾是奴隶主、贵族和自由民观看斗兽或奴隶角斗的地方，其对人们的诱惑当然就是观看斗兽或奴隶之间的角斗。每有这样的殊死一战的比赛，就会有多达9万名观众拥进场内观看。而随着奴隶制的崩溃、罗马帝国的消亡，这样的诱因已不复存在。虽然今天罗马斗兽场仍能吸引来每年400万来自全世界的旅游者，但它所具有的文化诱因，也早已经转换成了一项列入了《世界遗产名录》的世界文化遗产的诱惑。

由电影推动的文化旅游，在人类历史中也不乏其例。其中最重要的，当属《音乐之声》《走出非洲》《罗马假日》几部电影。由奥黛丽·赫本和格里高利·派克1953年主演的《罗马假日》曾让无数影迷痴迷，以至于后来罗马的奥黛丽·赫本吃冰激凌的那个西班牙台阶因旅游者云集阻塞了通路，管理者不得不做了一个看似极不合情理的规定，不允许人们坐在台阶上吃东西；著名影星梅丽尔·斯特里普1985年出演的《走出非洲》映出后，受其影响，诸多旅游者逆行"走入非洲"，令非洲旅游一时暴热；20世纪福克斯电影公司1965年拍摄，罗伯特·怀斯执导，朱丽·安德鲁斯、克里斯托弗·普卢默、理查德·海顿主演的音乐片《音乐之声》的上映，更是将电影对文化旅游的促进作用做出了最经典的阐述。该片讲述了修女玛丽亚到特拉普上校家当家庭教师和上校的7个孩子很快打成一片，上校也渐渐在玛利亚的引导下改变了对孩子们的态度并与玛利亚之间产生了感情的故事。这部影片共获得了第38届奥斯卡最佳影片、最佳导演等五个奖项。随着影片的大热及久热,奥地利作为全球最佳文化旅游目的地之一的形象收益颇丰。时至今日,虽余声未尽,但也渐成了往日的美好时光。

文化旅游在人类的不断认知、比较当中而演进,也因人类的不断思考、创造而发展。

美国学者理查德·谢弗(Richard T. Schaefer)在《社会学与生活》(Sociology, 9e)一书中,也对文化的不断变化进行了这样的分析:"普世文化不仅在各个社会的呈现方式不同,即使在同一个社会里,经过时间的推移,其表现形式也会有很大的变化。人类的文化在每一世代甚至每一年都会改变,并且借由创新与传播的过程得以发展。"[①]

一、文化旅游与当今时代的关联

斯特斯·林赛在《文化、心理模式和国家繁荣》一文中曾直言:"一个国家能否繁荣,文化是一个重大的决定因素,因为文化影响到个人对风险、报偿和机会的看法。"[②]当今时代人们对文化、文化旅游的认知与以往相比可以说发生了天翻地覆的变化。之所以会有这样的一些变化,原因就在于文化、文化旅游的涵盖范围及所起作用被越来越多的人认识到,其中国际组织、各国政府的加入最为明显也最具影响力。虽然这一切改变并没有颠覆文化旅游的基本属性——它乃旅游者的言为心声的一种自由表达、一种乐得选择的出行方式,是现实世界各型各类的旅游形式中拥有最广、最高关注度的一种——但各方面力量的加入,已经将对文化旅游的认知提升到从未有过的高度,甚至将其与国家文化政策联系到了一起。

联合国教科文组织1970年曾出版《大不列颠文化政策》一书对英国的文化政策所做介绍中,就特别提及了英国文化政策中新出现的"大文化"概念。"大文化"的概念除了文学艺术之外,还包括了广播、电视、时装、园林、建筑、体育及旅

---

① 【美】理查德·谢弗,《社会学与生活》,世界图书出版公司,2008年7月第2版第67页。
② 【美】塞缪尔·亨廷顿,《文化的重要作用——价值观如何影响人类进步》,新华出版社,2010年1月第3版第343页。

游。英国的国家文化政策制定之所以将以上这些内容都归入"大文化"的范畴,目的非常直接、明确,就是为了"鼓励外国人来英国旅游,以使旅游企业为国民经济做出最大贡献,同时增加接近英国文化遗产的机会"。[①]

联合国世界旅游组织对文化旅游的首肯赞赏,也体现在1999年9月27至10月1日在智利圣地亚哥举行的世界旅游组织第13届大会上以A/RES/406(XIII)号决议通过的《全球旅游伦理规范》当中:"出于宗教、健康、教育和文化或语言交流的目的而进行的旅游,是非常有益的旅游形式,应当得到鼓励。"

我们来看一个日本政府在推进"MICE"方面所做努力的具体事例。

MICE是由企业等的会议(Meeting)、企业等举办的奖励/研修旅行(奖励旅行)(Incentive Travel)、国际机构/团体/学会等举办的国际会议(Convention)、活动和展会/商品交易会(Event/Exhibition)的首字母构成。MICE是对有望招徕众多客户、进行大量交流的商务活动等的总称。

日本国土交通部观光厅为了达成让日本成为举办国际会议的"亚洲最大的举办国"这一目标,集中投入国家、自治体、经济界、学会等拥有的资源,举国促进国际会议的举办/招徕。观光厅认为,国际会议的招徕/举办一直以来都是观光厅的重点开展措施,而推进国际会议以外的MICE,对于增加访日外国旅游者、经济效果、地区的国际化/活性化等也具有重大意义,因此,作为观光厅,不能仅重视国际会议,还需要不断振兴MICE整体。根据这一情况,观光厅召开了由相关的有识之士参与的探讨会,对"MICE推进行动计划"进行了总结。以观光厅为中心,在与MICE相关主体紧密合作的同时,踏踏实实地实施"MICE推进行动计划",借此,在继续积极促进MICE的举办/招徕的同时,不断采取提高MICE认知度的各种行动,以便让国民理解MICE所具有的各种意义和效果。

按照日本的MICE推进行动计划,日本将2010年确定为"Japan MICE Year"并开展各类活动。依照计划,通过各种活动不仅要向海外宣传日本是适合举办MICE的国家,而且要在MICE的意义等尚未完全渗透到日本各地的情况下,对日本国民进行启蒙。

[①] 范中汇,《英国文化》,文化艺术出版社,2003年1月第1版第27页。

为推进 MICE 的发展，日本观光厅甚至还设计了一个 MICE 的专用标识，并对此 MICE 专用标识进行了具体说明：图形中用"MICE"的首字母"M"抽象地表示两人正在握手的样子。而且，还使人联想到日本的象征——太阳旗，将其设置在"M"的上方。此外，用大字构成了"JAPAN MICE"，借此提高关注率和能见性。图中文字"Crossroads"本意是"十字路口"，不仅意味着是大量路人来往的地方，还意味着是"需要做出重要判断的时刻"，其中蕴含着日本将成为东西洋的十字路口、知识的十字路口，以世界（Global）性的 MICE 举办地起到重大作用的意义。

中国政府方面近年里对文化的高度重视，也让文化旅游的重要性在各类旅游形式中凸显。2009 年 12 月，国务院以国发〔2009〕41 号文件发出《国务院关于加快发展旅游业的意见》。其中在"丰富旅游文化内涵"一节中明确指出：

> 把提升文化内涵贯穿到吃住行游购娱各环节和旅游业发展全过程。旅游开发建设要加强自然文化遗产保护，深挖文化内涵，普及科学知识。旅游商品要提高文化创意水平，旅游餐饮要突出文化特色，旅游经营服务要体现人文特质。要发挥文化资源优势，推出具有地方特色和民族特色的演艺、节庆等文化旅游产品。充分利用博物馆、纪念馆、体育场馆等设施，开展多种形式的文体旅游活动。集中力量塑造中国国家旅游整体形象，提升文化软实力。

国家的重视，带来的当然就是旅游整个行业对文化旅游的倾斜以及旅游者的顺势而为。文化旅游之热度不断升温，让呈现于现实的旅游面貌发生了不少变化。中国新闻网 2019 年 3 月的一则报道对此予以特别提及："中国旅游者在文化上的需求正不断提高，博物馆旅游开始走红。卢浮宫、大都会艺术博物馆、'中途岛号'航空母舰博物馆、新加坡国家博物馆、吴哥国家博物馆等备受中国旅游者青睐。"

（一）文化旅游与跨文化交流

与"文化"成为热词的同时，"跨文化交流"一词也更多地被提及。跨文化交流常常被指具有不同文化背景的民众在文化上的相互交流和彼此沟通，而"文化旅游"自诞生那天起，自古至今，就与"跨文化交流"有着千丝万缕的联系。或更确切地说，文化旅游从来都是"跨文化交流"的最主要、最妥帖的一种施行方式。查尔斯·R. 哥德纳（CharlesR. Goeldner）曾在《旅游跨文化行为研究》（*Cross-Cultural Behaviour in Tourism: Consepts and Analysis*）一书序言中断言："民族文化的众多方面对旅游所产生的更深层影响之所以值得研究，是因为对许多国家而言，旅游已经成为促进文化联系、国际合作以及经济稳定的重要手段。旅游不仅增长知识与增进理解，而且由于提供了某种令人愉快而舒适的经验，它还在国际旅游者当中建立起一种有力的形象，而这样的经验对旅游者的重复访问则是非常重要的。简言之，旅游需要不同文化之间的相互理解与相互欣赏。"①

跨文化的交往和欣赏作为人类的一种生活方式久已存在。印度伟大诗人、诺贝尔文学奖获得者泰戈尔曾说过："人类的产品，不管它们是从哪里创造出来的，我们从中理解和享受到的一切，无论其内容是什么，立刻就成为我们自己的了。当我能够欣赏别国的诗人和艺术家就像本国的一样，我为我的人性而骄傲，让我感受那种纯粹的欢乐——人类一切伟大的光荣都是我的。"②

文化作品的翻译出版自然与跨文化交流有着重要关联。而中国知识界对外国名著的翻译也在其中扮演了重要角色。1897年不懂法文靠他人口译讲述，林纾翻译出版的《巴黎茶花女遗事》曾引起"洛阳纸贵"效应。而莫言在获得2012年诺贝尔文学奖之后，瑞典翻译家陈安娜马上成为中国网友的关注焦点。不少网友在狂欢的同时对陈安娜表达感谢，称"译者功不可没"。此外，莫言作品的英文翻译者葛浩文，亦被认为对莫言作品的世界影响力居功至伟。

---

① 伊维特·赖辛格（Yvette Reisinger），《旅游跨文化行为研究》，南开大学出版社，2004年8月第1版。
② 【印度】阿玛蒂亚·森（Amartya Sen），《以自由看待发展》（*Development as Freedom*），任赜等译，中国人民大学出版社，2002年7月第1版第244页。

不仅是文学作品,其他艺术形式的跨越国境,跨越不同民族、不同文化的展演,其实从本质上都是一种跨文化交流。1876年法国在美国独立100周年时作为礼物赠送的自由女神像(Statue Of Liberty),是今日纽约的重要观光景点,将其看作是一种跨文化交流也不为过。若再做更多推衍,诸多以旅游景点存在的"微缩世界""世界公园",宽泛而言也都对跨文化交流有所裨益。

2010年上海举办世界博览会,丹麦文化部史无前例地决定送丹麦首都哥本哈根最重要的景点之一的100岁的小美人鱼真品赴上海参加世博会。美国的一家媒体的一篇文章以"中国人热爱小美人鱼的令人惊奇的原因"为标题将这一被丹麦人称作小美人鱼"出差"的跨国旅游,"象征着丹麦这个有抱负的小国下嫁美丽的女儿给一个超级大国"。千里迢迢来到上海的小美人鱼,每天端坐在上海世博会丹麦馆的一湾水池中央。一个摄像头将美人鱼在异国他乡的生活通过互联网向丹麦以及全世界进行了每天24小时的网络直播。于是,丹麦人也看到了中国媒体剔除了的一个画面:闭馆后丹麦馆的几位保安,"扑通扑通"跳到了小美人鱼身边洗澡游泳。

哥本哈根的小美人鱼是不是值得到访实地一看的景点呢?中国旅游者对此似乎并无歧义。但若你翻翻"Lonely Planet"看看,也许会大吃一惊,因为"Lonely Planet"的哥本哈根介绍只在最后很不起眼的地方介绍了小美人鱼,而且还特别注明,"它是一个孤零零的小青铜雕像,是哥本哈根众多景点中最没意思的一个。"

图 9-1　丹麦哥本哈根小美人鱼雕像

旅游与跨文化交流之间本无障碍。旅游者自由旅游的权利在1999年世界旅游组织的《全球旅游伦理规范》的第八条"旅游者往来的自由"中得到确认："在遵守国际法和国家法令的情况下，旅游者和访问者享有在他们的国内和从一个国家到另一个国家往来的自由，这符合《世界人权宣言》第13条的规定；他们有权进入过境地、逗留地和旅游及文化场所，免遭繁文缛节和歧视。"

出境旅游与入境旅游都是这种交流的一种体现。目前我国随着入境旅游、出境旅游的不断增长，跨文化交流已呈现密度、频度日益增加的状况。依据文化和旅游部官网发布的中国旅游市场基本信息，2018年中国公民出境旅游人数已达14972万人次，入境旅游人数14120万人次，其中过夜外国人为2364万人次。截止到2018年，经批准的中国公民出境旅游目的地已经有130个国家和地区。

（二）青年旅游及修学旅游对文化旅游的助推

修学旅游因以增进知识、学习知识为目标，且针对人群为正处于受教育年龄阶段、有知识追求的学生群体，无疑是文化旅游中文化含量更纯粹的一种旅游形式。修学旅游的参与者一般为青少年学生群体，亦是在国际旅游市场中一直以来广受关注的特殊群体，其旅游权利常常与老年人、残疾人、少数民族、原住民群体一起受到重点保护。《全球旅游伦理规范》明确规定："家庭旅游、青年旅游、学生旅游和老年旅游以及为残疾人组织的旅游，应当得到鼓励并为其提供便利。"

在国际旅游市场中，以青年人群体为主体的青年旅游，是先于主要以青少年群体为主体的修学旅游先期成长起来的。如今遍布世界的"国际青年旅舍"（Hostelling International）正是与青年旅游同步生长的一个标识。

国际青年旅舍起源于20世纪初的德国。德国教师理查德·斯尔曼时常带领学生通过步行、骑自行车在乡间漫游，他主张青年走出校门，亲近自然，认为"所有的男孩女孩都应该走出校门，参加远足，留宿"，"这才是真正的教育天堂"。1909年他率领一班学生到乡间出游途遇大雨，结果只能在一个乡间学校里以稻草铺地度过了艰难的一夜。经过此事，理查德·斯尔曼萌生了专门为青年提供住宿旅馆的想法。经四处游说，最终为人们所接受，也得到了政府支持。1912年，世界上第一个青年旅舍在德国一个废弃古堡Altena中诞生，并由此奠定了青年旅舍的基本结构和标准样式,即以"安全、经济、卫生、隐私、环保"为特点,室内设备简朴,备有高架床、硬床垫和被褥、带锁的个人储藏柜、小桌椅、公共浴室和洗手间,有的还有自助餐厅、公共活动室。青年旅舍一俟出现立刻受到了青年人的广泛欢迎。一年之后青年旅舍就达到83家。

1932年10月20日国际青年旅舍联盟在阿姆斯特丹成立,参与创建的国家有瑞士、捷克斯洛伐克、波兰、荷兰、挪威、丹麦、英国、爱尔兰、法国和比利时。经过几十年的发展,今天这个联盟共有60多个成员国及20余个附属成员,共有青年旅舍4000多家,床位数达到35万个,有国际会员超过400万人,全球大约有1000万青年在使用。如今国际青年旅舍联盟的标志(蓝三角加上小屋及冷杉)已经遍布世界各个国家的旅游区域,青年学生依旧是下榻人群的主体。

青年旅游的表征在青年旅舍的构建中得到了清晰表达。青年旅舍向青年人提供的不仅仅是一条干净的床单和一个简单适用的休息之地,更主要的是提供了一个没有种族、国籍、肤色、宗教、性别、阶层或政见区别的人与人之间互相平等的环境。它鼓励并促进了青年人走出家门、校门,去增进对本国和外国的了解。青年旅游的发展,无疑对文化旅游的发展起到了一个很好的助推作用。

欧洲今天的修学旅游范围广泛,约翰·斯沃布鲁克(John Swarbrooke)的研究中将这类修学旅游分成了三种状况:

1. 在大学期间的学生互换项目中,学生可以进行从2到3个月甚至一年不等的修学旅游。在欧洲,许多情况下,学生可以获得欧盟的资助,向他们提供一些奖学金项目,如伊拉兹马斯项目和苏格拉底项目。

2. 年轻人可在国外参加语言学校,时间通常从一周到几个月不等。在语言学校的课程设置中,可能会安排学生参观当地的旅游景点,或者同当地的居民共同生活一段时间。

3. 为独家活动设定一个主题,这样相同相似的旅游者可以为了一个共同的爱好一起出游。这些爱好包括了解国外的文化、绘画或者是品尝美食。[①]

[①] 【英】约翰·斯沃布鲁克,《旅游消费者行为学》,电子工业出版社,2004年9月,第119页。

与以青年人为主体的青年旅游发源于欧洲不同，以青少年群体为主体的修学旅游的发源地则是日本。但日本《世界大百科事典》明确写明了修学旅游的由来，是受到了18世纪末19世纪初德国的以自然学习和体育锻炼为目的的"徒步旅游""教育旅游"的影响。对"修学旅游"一词精选版《日本国语大辞典》的解释是：修学旅游作为学习活动的一部分，是在一个学年内由教师率领的以年级为单位的一种旅游活动。修学旅游是学校培养学生的一项重要工作，主要目的是培养学生的社会实践学习经验、集体主义意识和正常人际关系。有记载的日本第一次修学旅游是1882年栃木县第一初级中学老师组织学生们参观东京上野召开的"第二届实业发展促进博览会"，"高中学生与初中学生团体旅游"以此为开端；第二年长野师范学校将一次类似活动正式命名为"修学旅游"。1887年4月20日发行的《大日本教育杂志54号》正式启用了"修学旅游"这个专有名词。修学旅游作为日本特色教育的一部分被保留下来，并成为学校教育不可或缺的一部分，也成为每个日本学生自学校开始的最早的一项文化旅游体验。学生对文化旅游的兴趣，亦在修学旅游当中得到了培养。

20世纪80年代中叶，日本学生团体乘飞机到中国旅游带来了"修学旅游"一词。诸多日本的修学旅游团涌到中国，到访北京、上海、西安，除了参观旅游景点，通常还会被特别安排参观学校、少年宫，与中国学生进行交流。但"修学旅游"一词，仍没被普通人熟悉。及至1997年中国公民自费出国旅游正式开启，才有了中国学生出国"修学旅游"的尝试。1998年由北京的一家旅游经营者组织了中国大陆第一个"修学旅游团"，通过旅游经营者广告招募，十几个不同年龄的学生由专业教师带领赴新加坡进行8天的修学旅游。那次行程中特别安排了3个半天的英语学习课程。回国后孩子们纷纷表示收获很多。一个"洗澡喝水"的故事，也曾带给参加者深刻且新鲜的感受——新加坡老师问孩子："你们有没有一边洗澡一边喝水？"孩子们面面相觑，"我们新加坡的自来水是可以直接喝的。"

但中国旅游经营者推广"修学旅游"，很长一个阶段并不成功。不能排除的一个原因，就是大众对"修学"一词的认知存在隔膜。从日语汉字直接拿来的"修学"一词，在汉语词典中无法查到。中国以往只有"休学"一词，指的是中断学业，显然与"修学"之意风马牛不相及。中国的旅游经营者在推行修学旅游时为迎合大众自创了一个词"游学",才让修学旅游以更名的形式走进了大众旅游市场。

2013年7月6日韩亚航空公司的一架波音777型客机在美国旧金山国际机场降落时坠毁并起火燃烧,飞机上全部291名乘客中有中国乘客141名。而中国乘客中近一半的人,是来自浙江、山西的赴美游学团的学生。"修学旅游"在当下的中国城市之热,由此可见一斑。

但目前中国旅游机构开展的一些修学旅游仍显得过于粗糙,所设行程与普通旅游团差异不大,甚至就是将普通旅游团的行程直接拿来。赴美修学旅游团的一个必去之地,就是波士顿的哈佛校园。每年有数百个来自中国的修学旅游团"游学"到此。在那座因"哈佛三大谎言"著称的哈佛校长坐像前,几乎可以观察到中国到美国修学旅游团的全部境况:匆匆拍下照片,鱼贯在校园穿行,然后就直奔中餐馆而去。哈佛法学院前的那些宽大厚重的原木桌椅旁,是见不到远道而来的中国学生们在此逗留的。哈佛的那几座著名的博物馆,比如植物学博物馆、比较动物学博物馆、矿物学博物馆、考古学和人类文化学博物馆、闪米特人博物馆,往往也总与这些专程修学到此的学子们失之交臂。对此,日本的修学旅游经验仍可为我们提供借鉴。日本的修学旅游会以不同需求细分成若干不同的类别。比如有去京都、奈良和东京等地参观历史遗迹、学习历史知识以历史学习为主题的修学旅游,也有以体验大自然的森林修学旅游或农业修学旅游等类型。将文化旅游的内核分层分级融进修学旅游,则会使修学旅游更具效果。

二、文化旅游可预期的持续发展

无论是"文化"还是"旅游",都源自人类的思想。因思想而产生文化,因思想而付诸旅游。人类的存在,则是思想的存在。换言之,文化也好旅游也罢,都属人类的存在形式表象,都会与人类命运生死与共。从这个角度来说,文化与旅游的结合而产生的"文化旅游",生命力之强大不可限量,其持续发展也完全是可以预期的。

对文化意义的深入解读,亦可参考2010年10月时任国务院总理温家宝在布鲁塞尔"中欧文化高峰论坛"上的致辞:"文化是沟通人与人心灵和情感的桥梁,是国与国加深理解和信任的纽带。文化交流比政治交流更久远，比经济交流更深刻。随着时光的流逝和时代的变迁，许多人物和事件都会变成历史，但文化却永远存在，历久弥新，并长时间地影响着人们的思想和生活。不同的地域环境造就了不同的文化底蕴，形成了各具特色的文化形态，它们如同浩瀚苍穹的璀璨群星，交相辉映，光耀宇宙。正是文化的多样性，使不同文化相互影响、相互交融、相互促进，推动了人类文明的进步，也丰富了人类的生活。"

比政治交流、经济交流更久远、更深刻的文化交流，其润物无声、老少皆宜的一种实现途径就是旅游，即这里所谓的"文化旅游"。

文化的发展带动了社会的进步，旅游的发展则让文化发挥出更大更多的效应。2005年10月20日第33届联合国教科文组织大会通过的《保护和促进文化表现形式多样性公约》因而论断："确信传递着文化特征、价值观和意义的文化活动、产品与服务具有经济和文化双重性质，故不应视为仅具商业价值"，"文化是发展的主要推动力之一，所以文化的发展与经济的发展同样重要，且所有个人和民族都有权参与两者的发展并从中获益。"

在发展一些较新的文化旅游类型譬如太空旅游的道路上，美国的步伐无疑是更快一些。为向大众介绍太空旅游，美国太空探险公司（Space Adventures Inc.）总裁埃里克·安德森（Eric Anderson）还亲自撰写了一本《太空旅游者手册》。这本书从旅行计划的编排到太空中的逃生技巧，从航天任务的种类到太空旅游的训练和准备情况，可以说几乎涵盖了太空旅游的方方面面。埃里克·安德森曾说过："人类探索未知世界的欲望是与生俱来的。我想，对于海盗或是发现新大陆的哥伦布来说，要航行七个海洋也不会是一件享受的事情，但他们是冒险者，他们会这样去做。不管从任何一个层面来说，'太空探险'公司的客户也是冒险者，他们完全可以去做别的事情，但对太空的好奇心会咬啮着他们。我们生活在一个浩瀚的宇宙里，目前能够旅游的地方只是沧海之一粟。设想一下，此前只有不到500个人体验过太空，对于你来说，这将是多么独特的一种经历！"2004年12月23日，时任美国总统布什签署了一部名叫《2004年商业空间发射法修正案》的法律文件，授权联邦航空局发放允许私营航天器经营商运送付费旅游者进入太空的许可证，从法律层面认可了美国公民有权搭乘私人航天器到太空旅游的行为。这项专门针对私人飞船开展太空旅游业务的法律，可以被认作是世界上第一部太空旅游法，其意义十分深远。

（一）文化旅游的个人需求和社会需求

因"文化"本意的庞大涵盖，文化旅游几乎是无处不及。而对文化旅游的个人需求上升，也导致了文化旅游受关注程度不断增加，推动了"文化旅游"成为社会热词。家庭教育与旅游的关联，常常是家长考虑一家人出游的"文化"的考量，"带孩子到欧洲玩玩增长见识"，这样的思考其实就已经包含对"文化旅游"的期待。

走出家门、走出国门的文化旅游，最能够开拓视界、历练人格。这应该是文化旅游的个人需求的一个入口。很巧的是，以深邃思想闻名的英国著名思想家维特根斯坦也恰好有同样的认识："就像一个人，在一个很小的国家里用他的毕生时间去旅行一样，他会认为除了这个国家外部世界再没有任何可看的了。他会以常人难以想象的古怪观点去看待事物，他的足迹局限于这个小小的国家。他这样做，毫无疑问阻碍了他成为一个伟大的人。"①

不仅是人生经验可以在文化旅游当中迅速积累，人生辨别是非的能力，也可以通过文化旅游获以明显提升。人们对文化旅游这样的需求理由，也与美国费城艺术博物馆馆长取得了一致。她持此认知劝诱大众："经常来这座博物馆，你就能和传统保持联系。你沉醉于存留在这里的传统之中，所有的时期，伟大的时代，都在这里沉积。你会和我一起感受到，这些试金石、这些标准最终并不是迂腐的东西，而是为一种开化的、受控制的、辨别是非的本能冲动而设的行为标准。让我们不要仅仅讨论艺术，因为，最终博物馆的目的不仅仅是为了发展一种艺术欣赏，而且也要发展一种价值判断……通过价值判断，我们能够区分有价与无价、真与伪、美与丑、优雅与粗鄙、真诚与伪善、修身与堕落、文质彬彬与粗鲁猥亵、不朽的价值与暂时的价值。"②

若是探究文化旅游的个人需求在人类需求等级中的位置，就用得上美国著名社

---

① 【英】维特根斯坦，《文化的价值》，重庆出版社，2006年4月第1版第76页。
② 【美】托比·米勒，《文化研究指南》，南京大学出版社，2009年第1版第334页。

会心理学家马斯洛著名的需求层次理论了。

马斯洛认为,人作为一个有机整体,具有多种动机和需要,包括生理需要(physiological needs)、安全需要(security needs)、归属与爱的需要(love and belonging needs)、自尊需要(respect & esteem needs)和自我实现需要(self-actualization needs)。当人的低层次需求被满足之后,会转而寻求实现更高层次的需要。其中自我实现的需要是超越性的,追求真、善、美,将最终导向完美人格的塑造,高峰体验代表了人的这种最佳状态。

对文化旅游的个人需求,表明了人们在越过初级需求之后向更高层级需求进发的一种状态。这种状态,是在越过了生理需要、安全需要、归属与爱的需要之后,从自尊需要向自我实现需要前行的一种状态。按照马斯洛的解释,自尊需要既包括对成就或自我价值的个人感觉,也包括他人对自己的认可与尊重。从现实来看,这与很大一部分文化旅游的拥趸正相符合。

文化旅游的社会需求则与个人需求完全不同,它剔除了个人因素,完全是由社会因素来做推动。这类需求大致有两方面组成:一是社会经济发展的需求;二是社会文化发展的需求。

在社会经济发展中,旅游对经济发展的重要性日益突出,将旅游作为增收途径、增收工具,在各级政府的政策思考中时常可见。甚至是1999年始设五一黄金周、十一黄金周,也是基于增加旅游消费的考量。近年来的"全域旅游""文化搭台,旅游唱戏"的口号,皆可认为是社会经济发展对文化旅游需求的一种直接表现。

社会文化发展推动的对文化旅游的需求,是从对文化价值的再认识和对旅游业兴盛的觊觎入题的。旅游是文化的载体,也是最好的宣传本地文化的一个手段,文化和旅游的结合,让本地的认知度、美誉度均可得以提升。

文化旅游的社会需求也可以通过政府部门的公文得以表现。

2018年11月15日文化和旅游部等17部门发出"关于印发《关于促进乡村旅游可持续发展的指导意见》",其中对"突出乡村旅游文化特色"做出了部署:

> 在保护的基础上,有效利用文物古迹、传统村落、民族村寨、传统建筑、

农业遗迹、灌溉工程遗产、农业文化遗产、非物质文化遗产等，融入乡村旅游产品开发。促进文物资源与乡村旅游融合发展，支持在文物保护区域因地制宜适度发展服务业和休闲农业，推介文物领域研学旅行、体验旅游、休闲旅游项目和精品旅游线路，发挥文物资源对提高国民素质和社会文明程度、推动经济社会发展的重要作用。支持农村地区地域特色文化、民族民间文化、优秀农耕文化、传统手工艺、优秀戏曲曲艺等传承发展，创新表现形式，开发一批乡村文化旅游产品。依托乡村旅游创客基地，推动传统工艺品的生产、设计等和发展乡村旅游有机结合。鼓励乡村与专业艺术院团合作，打造特色鲜明、体现地方人文的文化旅游精品。大力发展乡村特色文化产业。支持在乡村地区开展红色旅游、研学旅游。

对"丰富乡村旅游产品类型"的具体要求是：

对接旅游者观光、休闲、度假、康养、科普、文化体验等多样化需求，促进传统乡村旅游产品升级，加快开发新型乡村旅游产品。结合现代农业发展，建设一批休闲农业精品园区、农业公园、农村产业融合发展示范园、田园综合体、农业庄园，探索发展休闲农业和乡村旅游新业态。结合乡村山地资源、森林资源、水域资源、地热冰雪资源等，发展森林观光、山地度假、水域休闲、冰雪娱乐、温泉养生等旅游产品。鼓励有条件地区，推进乡村旅游和中医药相结合，开发康养旅游产品。充分利用农村土地、闲置宅基地、闲置农房等资源，开发建设乡村民宿、养老等项目。依托当地自然和文化资源禀赋发展特色民宿，在文化传承和创意设计上实现提升，完善行业标准、提高服务水平、探索精准营销，避免盲目跟风和低端复制，引进多元投资主体，促进乡村民宿多样化、个性化、专业化发展。鼓励开发具有地方特色的服饰、手工艺品、农副土特产品、旅游纪念品等旅游商品。

1980年9月27日至10月10日在马尼拉召开的世界旅游大会上通过的世界旅游领域的纲领性文件——《马尼拉宣言》（全称《马尼拉世界旅游宣言》，*Manila*

Declaration on World Tourism），其中做了这样的强调：

> 在旅游实践中，精神因素比技术和物质因素占有更重要的地位。精神因素主要为以下几点：
> 1）彻底实现人的自身价值；
> 2）不断地推动教育的发展；
> 3）各国命运的平等；
> 4）本着尊重他人人格和尊严的精神解放人；
> 5）承认文化属性并尊重各国人民的精神遗产。[①]

将文化旅游的个人需求与社会需求相较，显然与人类的精神因素扣合紧密的个人需求，理应比文化旅游的社会需求受到更多的倚重。

（二）文化旅游与可持续旅游

英国的阿兰·德波顿曾说过："如果生活的要义在于追求幸福，那么，除却旅行，很少有别的行为能呈现这一追求过程中的热情和矛盾。不论是多么的不明晰，旅行仍能表达出紧张工作和辛苦谋生之外的另一种生活意义。"[②]

"能表达出紧张工作和辛苦谋生之外的另一种生活意义"的旅游尤其是文化旅游，近年来在世界范围内的迅速发展，也越来越多地得到了人们的特别关注。

1995年4月28日世界旅游组织在西班牙加那利群岛举行的"可持续旅游发展世界会议"上通过的《可持续旅游发展宪章》（Charter for Sustainable Turism 1995），对旅游的意义进行了综述：

> 旅游是一种世界现象，也是许多国家社会经济和政治发展的重要因素，是人类最高、最深层的愿望。
>
> 旅游具有两重性。一方面旅游能够促进社会经济和文化的发展；同时，旅

[①] 《共同的声音——世界旅游宣言》，旅游教育出版社，2003年11月第1版第87页。
[②] 【英】阿兰·德波顿，《旅行的艺术》，上海译文出版社，2004年4月第1版第7页。

游也加剧了环境的损耗和地方特色的消失，对旅游应该用综合方法进行探讨。

旅游业赖以发展的旅游资源是有限的，因此，要求改善环境质量的呼声越来越高。

旅游能够提供旅行和了解其他文化的机会，发展旅游有助于密切人际关系，促进人类和平，使人类理解并尊重文化和生活方式的多样化。①

1999年世界旅游组织在乌兹别克斯坦希瓦举行的会议通过的《关于旅游和文化遗产保护的希瓦宣言》(*Khiva Declaration on Tourism and Preservation of the Cultural Heritage 1999*)，特别提及文化旅游的快速增长问题："意识到文化和旅游之间的密切关系，以及它们在第三个千年前夕建立和平文化的重要性"，"由于其持续的增长并且增长速度超出了世界旅游增长的平均增长速度，文化旅游的需求应该被认可并加以考虑"，"重申旅游在多文化共存的世界中所扮演的重要角色。"②

2015年12月4日联合国大会通过决议，将2017年定为"国际可持续旅游发展年"(International Year of Sustainable Tourism for Developmen)。决议认为："国际旅游，特别是设置国际可持续旅游发展年具有重要意义。旅游能增进各地人民之间的了解，提高对各文明丰富遗产的认知和对不同文化的内在价值的尊重，从而促进世界和平。"将2017年确定为国际可持续旅游发展年的决议遵循了联合国可持续发展大会上各国领导人达成的共识，将以"精心设计和良好管理的旅游"促进可持续发展的三大领域，创造就业并促进贸易往来。联合国世界旅游组织秘书长塔勒布·瑞法依对此表示："联合国宣布2017年为国际可持续旅游发展年为旅游提供了特殊机遇，有助于将旅游业的贡献延伸至经济、社会和环境等可持续发展的三大支柱领域，同时提高对这一经常被低估的产业真实体量的认识。"

文化旅游因其特有的文化内核，在可持续性旅游方面起到了重要作用。文化旅游中的世界遗产，其可持续性发展问题，本就是联合国世界遗产委员会长期以来一直在理论探讨并付诸实践的一个问题。早在2001年开始，世界遗产委员会就选择了亚洲及太平洋、拉丁美洲和加勒比两个地区的四个国家（危地马拉、洪都拉

---

① 《共同的声音——世界旅游宣言》，旅游教育出版社，2003年11月第1版第102页。
② 《共同的声音——世界旅游宣言》，旅游教育出版社，2003年11月第1版第140页。

斯、印尼、墨西哥)的六个世界遗产地来进行这个项目。参与的六个世界遗产地分别是：

- 危地马拉蒂卡尔国家公园（Tikal National Park）
- 洪都拉斯雷奥普拉塔诺生物圈保留地（Río Plátano Biosphere Reserve）
- 墨西哥圣卡安（Sian Ka'an）
- 墨西哥埃尔比斯开诺鲸鱼禁渔区（Whale Sanctuary of El Vizcaino）
- 印度尼西亚马戎格库龙国家公园（Ujung Kulon National Park）
- 印度尼西亚科莫多国家公园（Komodo National Park）

关于世界遗产地的可持续性旅游发展的目标，这个项目的发起方联合国教科文组织世界遗产中心、联合国环境规划署和联合国基金会一开始就规定了六项。其中与旅游联系紧密的两项为：加强遗产地的管理能力，以旅游发展来促进世界遗产的保护；以可持续旅游促进遗产地的文化与生物多样性。

2005年10月第33届联合国教科文组织大会上通过的《保护和促进文化表现形式多样性公约》对"文化多样性"进行了定义：

> 文化多样性指各群体和社会借以表现其文化的多种不同形式。这些表现形式在他们内部及其间传承。
> 文化多样性不仅体现在人类文化遗产通过丰富多彩的文化表现形式来表达、弘扬和传承的多种方式，也体现在借助各种方式和技术进行的艺术创造、生产、传播、销售和消费的多种方式。

文化多样性是人类社会的基本特征，也是人类文明进步的重要动力。尊重不同文化的独立与发展，加强文化交流与合作，是维护世界文化多样性的重要前提。在全球化的时代，人类面临着许多共同的问题，都需要通过广泛的文化沟通与合作来寻求答案。而文化旅游，则成为文化沟通的一个十分重要的途径。

在人类文化当中，传统文化的坚韧显而易见。自古流传至今的大量节庆活动、戏曲表演、民间说唱、传统工艺、手工制造技艺等，仍对诸多旅游者有强大的吸引力，文化旅游的可持续性以此得以切实保证。

人类的旅游行为并不会因为国家版图的变化、社会的动荡、政治经济等因素的影响而消失，这方面可以从日本 2011 年 3·11 大地震后日本旅游的迅速复苏、社会大众对旅游尤其是文化旅游的需要方面得到确证。《世界经济论坛》（World Economic Forum）的一篇文章介绍说："日本旅游业在 21 世纪 10 年代呈爆炸式增长。从绝对数量来看，这可能是单个国家游客数量增幅最大的一次。虽然 1995 年以前可能有过更大的增幅，但在此之前，旅游业的水平要低得多。1995 年，全球旅游总人数约为 5 亿人次；而在 2017 年，这个数字超过了 13 亿。尽管跨国旅游在世界各地都呈增势，但日本的情况却与众不同。从 2012 年到 2017 年，赴日跨国旅游人数增长了 250%，涨幅惊人，远超其他国家……旅游热潮短期内似乎不太可能扭转。日本首相安倍晋三希望 2020 年日本举办奥运会之际可以吸引 4000 万游客。最近的趋势表明，要达到这一目标如探囊取物一般容易。"[1]

在 1992 年国际旅游收入超过 1950 年（21 亿美元）的 100 倍的时候，法国学者罗贝尔·朗加尔就说过这样的话："国际旅游的未来前景是可以预见的，除非发生一次严重的普遍性的危机，不然，国际旅游将会得到持续发展。因为旅游已经成为一种经济的、社会的和政治的现实，所有国家都从中受益。"[2] 依据 2016 年 5 月 19 日由中国政府和联合国世界旅游组织共同主办、原国家旅游局和北京市人民政府共同承办的首届世界旅游发展大会发布的《北京宣言》中的数据，旅游业已是全球增长最快的社会经济领域之一，目前已占全球 GDP 总量约 10%、就业的 1/11 和全球贸易的 6%。

处于所有旅游类型中涵盖内容最多的文化旅游，亦是可持续性旅游的重要体现。为了保持这种可持续性，在文化旅游的推广中，尤其是在当下中国的现实生活里，避免"用力过猛"也许是需要特别提醒注意的一件事。"Lonely Planet"谈及人们喜爱佛罗里达的原因，其实可以简单拿来为我们做一个样本：

---

[1] https://cn.weforum.org/agenda/2018/06/304ce01a-f14d-4ce6-9a68-84989ca8c06c.
[2]【法】罗贝尔·朗加尔，《国际旅游》，商务印书馆，1995 年 12 月第 1 版第 144 页。

佛罗里达从不拿自己大做文章，它忙着享受几乎全年都有的阳光。它给人惊喜、神秘、古怪且奇妙，它只想让你高兴。这是一块凸起的陆地，极力与其他州保持距离，就像一个叛逆的少年，或是一个退休的老人跑到这里来花原本留给孩子们的遗产。它无须特立独行就已经很惹人注目了。这就是我们喜欢它的原因。我们爱它炫目的主题公园和做作的路边景观，爱它的鳄鱼农场和美人鱼表演，爱它无休止地炫耀自己的与众不同、艳丽和优越。

文化旅游在召唤着每一位喜爱文化的旅游者。著名旅游杂志 *Traveler*（旅行家）在宣布"Travelers' Choice Awards：The Top Destinations for 2019"（旅行家目的地选择大奖：2019 热门旅游目的地）时已经向人们发出了呼唤："Get ready to hit the road—the world awaits"（准备启程吧——世界在等你）。

后　记

　　文化旅游产业是国民经济的重要组成部分，是跨地区、跨行业、关联度较高的产业群体。大力发展文化旅游产业，增强文化旅游产业整体实力和竞争力，是满足人民日益增长的文化需求、提高人民生活质量的迫切需要。研究文化旅游人才培养问题，找出适合产业发展新需求的文化旅游人才培养对策，迫在眉睫。作为国家文化旅游人才培训基地使用的培训教材，我们认为，教材要有助于强化文化旅游人才队伍建设，有益于培育一批懂经营、善管理、能创新的企业家和管理者，打造一支热心旅游事业、掌握文化旅游业相关知识和业务的高素质人才队伍。本教材的编写动因正是着眼于此。

　　本教材作为行业培训参考教材，以适应新时代新需求的文化旅游人才培养为应对设置。教材扣合文化旅游人才对相应知识、技能的期待，希冀培训人员通过对本书的学习，能对所学知识有深刻的了解和熟悉，继而能够灵活运用所学知识处理和解决文化旅游工作中遇到的实际问题。教材的编写主要针对的是旅游行业内人士，比如旅游行政管理相关人员、旅游企业管理者及相关负责人员、各旅游职业院校的师生、宽泛的文化旅游从业人员。

　　与同类教材相比，本教材编写内容丰富，特色鲜明，不仅在形式上注意图文并茂，在内容的选择上，也十分注意理论性与实用性相结合。理论要言不烦，范例全面翔实。在谋篇布局、语句构造上，也十分注意体现出内容丰富、重点突出、难易适中、适于培训的特点。书中内容新颖，涉猎广泛，纵跨古今，联系中外，从各个角度阐述了文化旅游发展理论与实务基础，既反映中国现当代文化旅游业的面貌，又介绍了一些世界上旅游发达国家的文化旅游产业发展实践的先进经验。在目前的图书市场中,像本教材这么重视介绍发达国家先进经验的并不多见。另外,这本教材内容之新,还在于将旅游界原有的文化旅游认知概念进行了全新理论拓展,使之更具深度和广度。本书极强的针对性、实用性,从篇章构建也能略见一斑,比如文化旅游的旅游者心结是什么,卖点是什么?文化旅游的优势是什么,短板是什么?文化旅游有什么风险?目前存世的文化旅游的培训教材,基本还是介绍文化旅游涵盖的一些类型的特色和经验,比如修学旅游、文化演艺等。与之相比,本书对这些内容并不拘泥于泛泛介绍,而是更注重为这些文化旅游产业专属问题归纳、总结出一些规律以便寻求更好的解决方案。本书虽不厚重,但却着重探究了这样一些与文化旅游密不可分的硬核内容,比如文化旅游的基本框架、文化旅游的分类及特质、文化旅游的发展脉络、文化旅游的旅游者心结及卖点、文化旅游的优势与短板、文化旅游的题材及对象、文化旅游与其他类型旅游的协调、文化旅游的谋篇布局、文化旅游的演进与发展等问题。

文化与旅游的关联既可以追溯到徐霞客1608年的旅行起步,也可以连结起185年前世界上最老牌的旅行社的托马斯·库克旅行社的诞生。可以说,自1982年入职国家旅游局,我对此问题的探究就已经开始了。其后近40年的旅游系统的官、产、学的工作经历,亦密切契合文化旅游的理论与实务的思考、研究并实操工作至今。

很高兴能够承担此书的执笔工作。但终因出版时间受限,本书在谈及文化与旅游的一些方面问题时,未及很好地展开。留下的遗憾,只能待再版时再行补充。

《文化旅游发展理论及实务基础》执笔人　王健民